# 健身国术
## 太极拳打出好身体

JIANSHENGUOSHUTAIJIQUANDACHUHAOSHENTI

何英 著

农村读物出版社
北京

**图书在版编目（CIP）数据**

健身国术：太极拳打出好身体/何英著．—北京：
农村读物出版社，2019.1
ISBN 978-7-5048-5772-9

Ⅰ．①健… Ⅱ．①何… Ⅲ．①太极拳－基本知识
Ⅳ．①G852.11

中国版本图书馆CIP数据核字（2017）第030795号

鸣谢：

★ 北京海燕摄影工作室

★ 摄影：贾勇

| | |
|---|---|
| 责任编辑 | 刘宁波　吕　睿 |
| 出　　版 | 农村读物出版社（北京市朝阳区农展馆北路 2 号 100125） |
| 发　　行 | 新华书店北京发行所 |
| 印　　刷 | 中国农业出版社印刷厂 |
| 开　　本 | 787mm×1092mm　1/16 |
| 印　　张 | 13 |
| 字　　数 | 298 千 |
| 版　　次 | 2019 年 1 月第 1 版　2019 年 1 月北京第 1 次印刷 |
| 定　　价 | 46.00 元 |

（凡本版图书出现印刷、装订错误，请向出版社发行部调换）

# 序

　　太极拳是中国武术的代表性拳种之一，是中华民族传统体育中的一颗璀璨明珠。它以人体生命的整体观，以及人与社会、人与环境的和谐统一，即"天人合一"观为哲学基础，集拳技、导引、呼吸吐纳于一体，收健身养性之效，流传数百年而不衰。它以我国古代阴阳哲学为指导，采取符合人体生理规律之动作，通过动静虚实之变化、内外刚柔之消长，追求生理与心智的敏锐与和谐，与唯物辩证法之对立统一规律相吻合。中国传统太极拳在促进个人身心和谐、促进人际关系和谐以及构建社会和谐中发挥着作用，需要民族文化工作者去普及、去推广、去锻造、去培育。作为民族传统体育工作者，我们任重而道远！

　　本书是青年学者何英同志集二十余年练功经验，多年潜心研究而完成的一部新作。该书所创编的太极拳套路是在陈式、杨式、武式、孙式、吴式太极拳的传统套路基础上进行适当简化、提炼而成，全面介绍了练习太极拳的基本要求和方法，将每一式分成若干小节，每一节均有图解和用法，简明而清晰，既适合初学者自学，也适合具有一定程度的练习者提高之用。

　　何英同志是北京体育大学教师，武英级运动员，国家级裁判。她自幼练习武术，8岁进入辽宁省体工队，12岁进入北京体育大学竞技体校学习，多次获得全国武术比赛冠军，1995年被推荐免试进入北京体育大学研究生部学习，1998年获得硕士学位。1997年我国首次实行段位制时被授予六段。自她在北京体育大学任教以来，多次在全国各种重要学术活动中发表优秀论文，多次在全国性武术比赛中担任裁判，并多次向国际武术爱好者传授武术。

　　本书的出版，将会对弘扬中华武术，促进太极拳在大众中的传承发挥积极的作用。使太极拳既是"民族的"，又是"世界的"，愿更多的读者研习太极拳，达到身心和谐，焕发青春，延年益寿！

中国武术协会裁判委员会副主任　　徐伟东
北京市武术协会副主席

## 太极　健身防身、理疗养生

随着现代科技、经济的发展，东西方文明在不断交流、碰撞中相互渗透、相互融合。人类以前所未有的速度和方式享受着丰富多彩、千姿百态的璀璨文明，身心获得了极大的满足和愉悦。与此同时，随着社会竞争的加剧和生活节奏的加快，人类也以前所未有的速度和广度面临着疾病和瘟疫的侵袭，并试图以各种药物和食物来阻挡和消除这些威胁。

健康的身体、愉悦的心情是抵御和战胜疾病的两个根本武器。科学、合理的锻炼方式是增进身体健康和愉悦内心的重要手段。在工作和生活之余进行科学的锻炼，才能真正有效地抵御和战胜各种疾病，消除疾病给我们带来的困扰。

太极拳以轻柔、舒缓、灵活、连贯的运动方式达到显著、良好的锻炼效果。在宁静的环境下，它使人排除杂念，身心放松，舒肢展体，内外结合，全身协调，身体和心灵受到全面的"清洗"，保持身体和心灵的"畅通"。

实践和研究表明，长时间进行太极拳练习，能使大脑的毛细血管舒张，保证脑组织的供血，从而对整个中枢神经系统产生良好的调节作用。太极拳强调呼吸的"深、长、细、缓、匀"，要求有意识地使呼吸与动作相配合，从而改善呼吸系统和血液循环系统的功能。太极拳通过肌肉、关节、骨骼的放松运动，有效地增强关节的灵活性、肌纤维的弹性和骨骼的韧性，预防骨质疏松。太极拳的腹式呼吸使横膈上下起落，对内脏起到按摩作用，从而使人体消化系统的功能得到改善。

## 太极　修养身心、陶冶性情

经过一天紧张、繁忙的工作之后，你不仅需要强健身体，更需要放松心情。作为身心俱修的运动，太极拳无疑是你的最佳选择。

太极拳不仅是肢体的运动，更是心灵的运动。太极拳强调身体各部位均放松，但身体的放松是以心灵、大脑的放松为基础的。如果练习者头脑中还装着一些杂志，身体不可能真正放松，一定是僵硬、呆滞的。太极拳要求练习者心静，达到心中无一物的境界。尽管初学者往往会在练习过程中思考下一个动作该怎么做，难以达到静和松的要求，但经过一段时间的练习，动作熟练后就可逐步达到身心俱松的境界。

太极拳要求动作轻柔、舒缓、轻灵、连贯，"无过而无不及"。能使性急的练习者在无形中逐渐养成不急不躁、从容不迫的性情，使性子慢的练习者无形中逐渐形成张弛有道、反应迅捷的习惯。

# 太极　自然和谐、天人合一

当今世界，在经历各种现代文明的洗礼后，人们发现自然才是最好、最美的，也是最科学合理的。因此，崇尚自然、追求自然、体验自然成为一种热潮。食品要选择纯天然的，旅游要选择野外的，艺术要原生态的。太极拳、瑜伽、跆拳道、空手道等强调顺应自然的东方运动成为流行的运动方式也就不足为奇。

太极拳理论认为自然是对立统一的整体，人也是对立统一的整体，人必须顺应自然，与自然和谐、统一，才能实现人自身的和谐、统一。因此，太极拳首先从动作和形体上要求和谐，不仅在动作上的进退起落、上下左右要处处呼应、和谐一致，做到"一动无有不动"，而且意识和呼吸必须与动作相配合，做到"以心行气，以气运身"。太极拳练习强调动作、神态自然、平和，不剑拔弩张，不松懈无神。通过舒展飘逸、行云流水般的动作，达到天人合一、内外合一、形神合一的自然、和谐和优美的境界。

太极拳不以消耗体力为手段，也不以身体条件为基础，因此无论你体型是胖还是瘦、是高还是矮，无论你体质是弱还是强，无论你是男性还是女性，无论你年老还是年幼，它都是一项你可以实践、以你为主体的运动，而不必担心你只能"坐冷板凳"或者只能当观众。

# 太极　刚柔并济、轻松高效

也许你是高尔夫或者网球的爱好者，但你是否曾为其昂贵的设施和球场费用望而却步？也许你是足球爱好者，但你是否为没有场地、没有对手或者天气不佳而发愁过？

太极拳是一项平民运动，它不要求你有高档的场地和奢华的设备，只要求你有一颗追求身心健康的心灵。它不需要你为它寻觅一块专门的"领地"。你可以在公园、小区空地等较为开阔的地方练习，也可以在办公室、家里等较为狭小的空间练习，甚至在你达到一定层次后可以坐在床上或者椅子上练习。不需要专门为它安排一段时间，在条件具备的前提下你可以每天练习半个小时，在繁忙的时候你也可以在工间休息时用 3 分钟比划几个基本动作。它不需要对手，也不会给你带来赢得对手的激动、喜悦或者输给对手的懊恼。它带给你的是身体和大脑的彻底放松和宁静、平和的心态，以及全身通透的清爽和愉悦。

# 目录

# 陈式太极拳

陈式太极拳创始于明末清初，创始人为河南温县陈家沟的著名拳师陈王廷。从陈王廷起，陈家世世代代传习太极拳，并不断在原有五个套路的基础上进行提炼、加工，逐步形成了近代广为流传的陈式太极拳一路、二路拳套。

一路拳套的特点是动作简单，柔多刚少。以练习掤、捋、挤、按的四正劲为主，以采、挒、肘、靠四隅手的运用为辅。用力方法以缠丝劲为主，发劲为辅。讲求以柔化刚，所以在外形上具有缓、柔、稳的特点。

二路拳套又称炮捶。动作复杂，疾速，紧凑，刚多柔少。用劲以采、挒、肘、靠为主，以掤、捋、挤、按为辅，并着重弹性劲的锻炼。

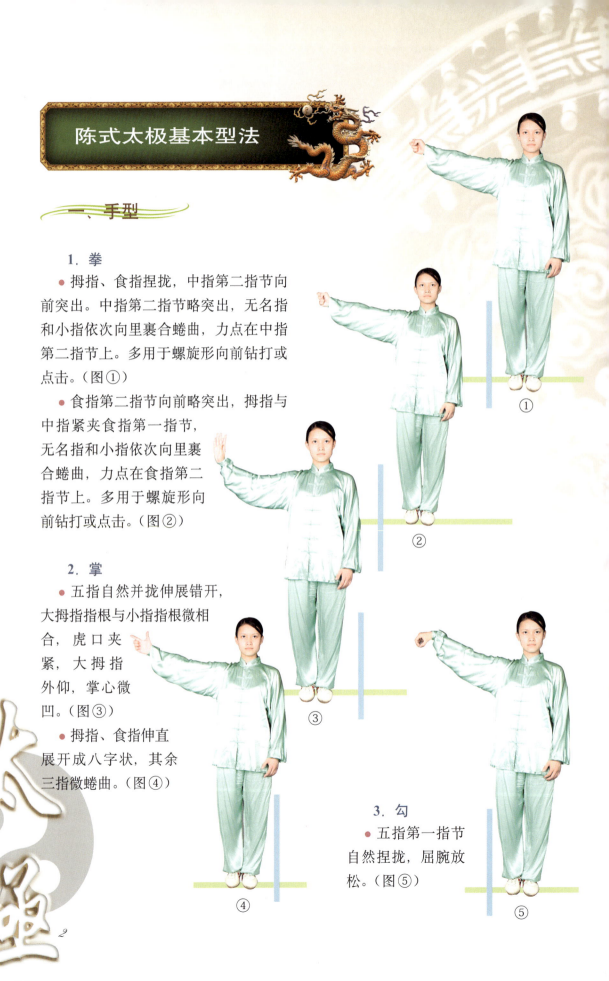

# 陈式太极基本型法

## 一、手型

### 1. 拳

● 拇指、食指捏拢，中指第二指节向前突出。中指第二指节略突出，无名指和小指依次向里裹合蜷曲，力点在中指第二指节上。多用于螺旋形向前钻打或点击。（图①）

● 食指第二指节向前略突出，拇指与中指紧夹食指第一指节，无名指和小指依次向里裹合蜷曲，力点在食指第二指节上。多用于螺旋形向前钻打或点击。（图②）

### 2. 掌

● 五指自然并拢伸展错开，大拇指指根与小指指根微相合，虎口夹紧，大拇指外仰，掌心微凹。（图③）

● 拇指、食指伸直展开成八字状，其余三指微蜷曲。（图④）

### 3. 勾

● 五指第一指节自然捏拢，屈腕放松。（图⑤）

①

②

③

④

⑤

## 二、手法

**1. 逆缠丝法**

● 手心向小指方向翻转。（图⑥）

**2. 顺缠丝法**

● 手心向拇指方向翻转。（图⑦）

**3. 掤法**

● 手臂全动之下手心由内而外缠丝或由下而上运动，力点在腕及前臂为掤劲。如起势两臂上举动作。（图⑧）

**4. 将法**

● 手臂全动之下手心由外而内缠丝为将劲，方向不定。如起势两手掤起后，由外而内边缠丝边向右带的动作。（图⑨、图⑩）

⑧

⑦

⑥

⑨

⑩

⑪

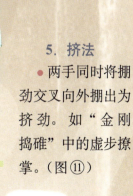

**5. 挤法**

● 两手同时将掤劲交叉向外掤出为挤劲。如"金刚捣碓"中的虚步撩掌。（图⑪）

9

## 6．按法

● 身体带动掌心向下的掤劲为按。如"六封四闭"，两掌由上而下按。（图⑫）

## 7．推掌

● 臂逆缠立掌或平掌经脸颊处前推，力达掌根或掌缘。（图⑬、图⑭）

## 8．分掌

● 一手俯掌下压。另一手顺缠向前或上螺旋伸出。（图⑮至图⑰）

⑫

⑬

⑭

⑮

⑯

⑰

## 9．云手

● 两手旋肩转腕经体前上下前后翻转手掌交替划弧。（图⑱至图㉒）

⑱

⑲

⑳

㉑

㉒

## 11．双撞拳

● 两拳心向里，拳眼朝上，两拳相距约一拳距离上下相对，通过转腰前冲制动弹抖打出，力达拳背。（图㉕）

㉓

㉔

㉕

## 10．冲拳

● 拳自胸前旋臂弹抖打出。（图㉓、图㉔）

## 三、步型

### 1. 弓步

● 前腿全脚着地屈膝前弓，另一腿自然弯曲蹬伸，保持圆裆开胯。（图㉖）

### 2. 偏马步

● 两脚左右开立，两腿屈膝下蹲，两脚相距约二至三个脚长，脚尖外撇，圆裆开胯。重心偏左或右，两腿重心约为 6:4。（图㉗）

### 3. 独立步

● 一腿微屈支撑。另一腿屈膝提起，大腿与地面水平。（图㉘）

㉖

㉗

㉘

### 4. 虚步

● 一腿屈膝支撑，另一腿脚尖向前虚点地面。（图㉙）或一腿屈膝支撑，另一腿脚尖在支撑腿内侧虚点地面，膝外撇，保持圆裆开胯。（图㉚）

㉙　㉚

### 5. 仆步

● 一腿屈膝全蹲，另一腿自然伸直平仆地面。（图㉛）

### 6. 跌叉

● 前腿伸直平仆地面，脚尖上翘，另一腿屈膝，膝关节及大腿内侧着地，两腿紧贴地面。（图㉜）

㉛　㉜

## 四、步法

### 1. 上步

● 后脚越过支撑腿脚内侧，由脚跟内侧擦地弧形迈步。（图㉝至图㉟）

㉝

㉞

㉟

㊱

㊲

㊳

㊴

### 2. 退步

● 前脚越过后支撑腿脚内侧，由脚前掌擦地向后弧形退步。（图㊱、图㊲）

### 3. 摆步

● 一腿支撑，另一腿屈膝提起，小腿外旋，脚尖外摆约45度向前上步。（图㊳、图㊴）

## 4. 侧行步

● 一脚经支撑腿后插步，以脚掌着地并逐渐过渡到全脚支撑体重；另一脚再插步。两脚交替向体侧行走。（图 ⑩ 至图 ⑭）

⑩

⑪

⑫

⑬

⑭

### 五、腿法

#### 1. 十字脚

● 一腿支撑，另一腿弧形外摆，用异侧手击拍脚面。（图㊺）

㊺

#### 2. 摆莲脚

● 一腿支撑，另一腿弧形外摆，两掌依次击拍脚面。（图㊻）

㊻

## 六、身型

### 1. 头
- 头虚领，颈竖直。

### 2. 上肢
- 肩松沉，肘下坠，腕塌活。

### 3. 躯干
- 胸松含，背拔伸，腰松活，臀垂敛，髋松缩。

### 4. 下肢
- 圆裆开胯，腿微屈，膝松裹，踝灵活。

## 七、身法

### 1. 提抽
- 左右腰肌的上下相对运动。两侧腰肌的提抽，形成了身体从躯干到下肢虚实的变换。向上为提是虚，向下为抽是实。

### 2. 回转
- 以腰脊为轴，身体左右旋转为回转。如"云手"动作。

### 3. 开合
- 胸廓随上肢动作的开放而舒展，合收而含敛为开合。如"倒卷肱"动作。

## 八、眼法

### 1. 注视
- 以主要手为目标，向主要手的方向投目远视。

### 2. 随视
- 随主动手，眼随手转。

# 陈式太极二十八势图解

**第 一 段**

## 一、起势

- 两脚开立与肩同宽，两臂自然下垂放松。（图①）
- 两掌内旋缓慢举起至与肩平，与肩同宽，掌心向下。（图②）
- 两腿屈膝松胯下蹲。同时两臂沉肩，落肘，两掌下按至腹前，掌心朝下。（图③）

①

②

③

## 二、金刚捣碓

● 身体微左转，重心微右移。同时左手逆缠（微内旋），右手顺缠（微外旋）向左斜前方掤出。左手高与肩平，手心朝外，右手高与胸齐，手心斜向左。（图④）

● 身体右转，重心左移，右脚尖外摆。同时两手右逆缠左顺缠向右后捋。（图⑤）

④

⑤

● 重心移至右腿下沉，左腿提起，身体微右转。同时两手上掤。（图⑥）

● 重心仍在右腿，右腿屈膝微下蹲。左脚尖翘起，以脚跟内侧贴地向左前方铲出。同时两手继续向右后掤。（图⑦）

● 左脚尖外摆踏实，重心移至左腿，身体左转。同时两手左逆缠右顺缠向下向左上划弧掤出，左手摆至胸前，掌心向下。右手下沉至右膝上方，掌心朝右。（图⑧）

⑥

⑦

⑧

● 身体左转，重心移至左腿成右虚步，右脚经左脚内侧弧形向前上步，脚尖点地。同时右手向前上弧形拖掌至胸前，掌心朝上。左手向前、上、内、下环绕落于胸前右前臂内侧，掌心朝下。（图⑨）

● 左手顺缠下落于腹前，掌心朝上。右手变拳下落于左掌心内，拳心朝上。（图⑩）

● 重心完全移至左腿，右腿屈膝提起。同时右拳上提与肩平，拳心朝内。（图⑪）

● 左腿屈膝下沉，右脚震脚落地，两脚距离与肩同宽。同时右拳下沉落于左掌心，两臂撑圆。（图⑫）

⑨

⑩

⑪

⑫

**防身术：**

　　如对方右拳向我打来，我即身体右转，右手心向上反握其腕，并逆缠使其反关节，左手顺势捋之。并可配合以左脚提起蹬之。

太極

## 三、揽扎衣

● 身体微右转，重心微右移。同时两手向右上方微抬。（图⑬）

● 身体微左转，重心微左移。同时两手顺时针向下经腹前向左划弧。（图⑭）

⑬

⑭

⑮

● 两手继续向左上划弧，同时右拳变掌向左上方穿出，掌心朝上，指尖朝左。（图⑮）

● 两手同时逆缠，手心翻转向下。（图⑯）

● 身体微右转，两手逆缠向上下、左右分开。右手掌心朝右前方，指尖斜向上。左手掌心朝左下，指尖朝前。（图⑰）

⑯

⑰

● 重心移至左腿，右脚提起，身体微左转。同时两手顺缠划弧合于胸前。左手在上，掌心朝右，指尖朝上。右手在下，掌心朝左，指尖朝下。（图⑱）

● 重心下沉，左腿屈蹲，右脚向右落步，脚跟内侧着地。同时右手继续向左上方拖抬，掌心朝上。（图⑲）

● 重心右移，右手逆缠外翻，右臂向外加掤劲，掌心朝外。左手顺缠下落于腹前，掌心朝下。（图⑳）

● 身体右转，重心继续右移下沉。同时右手逆缠向右横开伸展，再微顺缠沉腕立于右膝前上方。左手逆缠至身体左侧叉腰。（图㉑）

⑱

⑲

⑳

㉑

**防身术：**
对方以左手向我击来，我即右脚上前一步锁其左前脚。以左手拿其左腕顺缠使其反关节，右手从其左腋下击其胸部。

## 四、白鹤亮翅

● 两手左逆缠右顺缠，左手微向右划弧，掌心斜朝外，右手微下落，掌心朝外。（图㉒）

● 重心左移，右脚尖内扣，身体微左转。同时两掌向左下划弧，掌心斜朝外。（图㉓）

㉒

㉓

㉔

㉕

㉖

● 重心微右移，身体微左转。同时两手左顺缠右逆缠向左上划弧至左前方，高与肩齐，两掌心朝外。（图㉔）

● 重心右移，身体微右转。同时两手向右横拉。（图㉕）

● 重心微左移，身体微左转。同时两手左逆缠右顺缠向右下划弧，两掌心斜向下。（图㉖）

● 重心移至左腿，左脚尖微外展，右脚前脚掌擦地跟步至左脚内侧，脚掌点地，膝外旋。身体左转。同时两手左顺缠右逆缠向左上划弧，左手高与胸齐，掌心朝右，指尖朝前。右手高与腹齐，掌心朝左，指尖朝前。（图㉗）

● 重心下沉，身体微左转，右脚提起向右斜前方上一小步。同时左手微逆缠向右下微落，掌心斜向下，右手微顺缠向左上划弧，掌心斜向上。两手交叉，右外左内。（图㉘）

● 重心微右移，身体微右转。同时两手逆缠，掌心朝下。（图㉙）

● 重心移至右腿，左脚前脚掌擦地跟步至右脚内侧成左虚步，脚掌点地，膝外旋。身体微右转。同时右手向右上划弧至右前上方，高与头齐，掌心朝外。左手向左下划弧至左胯前，掌心朝下。（图㉚）

㉗

㉘

㉙

㉚

18

## 五、斜行

● 身体微左转，同时右手顺缠微向左下划弧，掌心朝左。左手随转体微向后移。（图③）

● 身体右转，右脚尖外展，重心在右腿。同时右手向右下划弧于右胯旁，掌心朝下。左手顺缠向右上划弧至左肩前，掌心斜向上。（图③）

③

③

③

● 重心移至右腿，左腿屈膝提起。同时右手逆缠向右上划弧掤至右肩前，掌心朝外。左手也微向右上掤。（图③）

● 重心下沉，身体微右转，左脚向左前方擦地上步。同时两手微向右后掤。（图③）

● 身体微左转。同时

③

③

右手顺缠向后环绕，掌心斜朝上。左手逆缠向右下划弧至腹前，掌心朝下，指尖向右。（图③）

㊱

㊲

㊳

㊴

- 身体微左转，重心左移成左仆步。同时右手逆缠合于右耳下。左手走下弧至左膝旁，掌心向下。（图㊱）
- 重心移至左腿，身体微左转。同时左手变勾手，弧形上提至与肩齐。右手立掌合于胸前。（图㊲）
- 重心微右移，身体微右转。同时右手逆缠划弧向右横拉，掌心朝外，指尖斜向上。（图㊳）
- 重心微左移，身体微左转。同时右臂松肩沉肘微向左带，两腿松胯屈膝。（图㊴）

**防身术：**

如对方以左拳向我击来，我以左手掤接并逆缠其腕左下带。对方复以右拳击来，我以同样方法对之，唯方向相反。并以左脚上步锁其前脚，两手上下拧转，使敌失重心跌出。

太極

## 六、初收

● 身体微左转，右脚微蹬。同时左手勾变掌向右上、右手向左上均微逆缠合于额前，两掌心朝外，指尖斜相对。（图⑩）

● 身体微右转，同时两手顺缠分别向左、右下方划弧合于左膝内侧上方，左手在前，右手在后，两掌心斜相对。（图㊶）

● 重心后移至右腿，身体微右转，左脚向后微收，脚尖点地。同时两手顺缠两臂微屈肘后运，掌心向上。（图㊷）

● 重心移至右腿并独立，左腿屈膝提起。同时两手逆缠向上、向前下方挤按，掌心斜向下。（图㊸）

**防身术**：

如对方双手向我推来，我以两手掤架其臂，并右转身，两手顺缠向右下采、捌其臂使其向前扑倒。我顺势以双手下按其头部，以左膝击其胸。

## 七、前趟拗步

- 重心下沉，身体微右转。同时两手向右下捋，掌心斜向下。（图㊹）
- 左脚向左前贴地铲出。同时两手左逆缠右顺缠向下、右、上划弧，右掌心斜向上，左掌横于胸前。（图㊺）
- 重心前移至左腿，身体左转，右手继续逆缠屈肘附于左前臂内侧前掤。（图㊻）
- 右脚跟提起。同时两腕微左逆缠右顺缠向上引劲。（图㊼）
- 重心完全移至左腿，身体微左转，右脚提起后经左脚里侧向右前方上步。同时两手坐腕下沉向左侧引劲。（图㊽）

㊹

㊺

㊻

㊼

㊽

㊾

- 重心右移，身体右转。同时两手逆缠向上再向左右划弧分开至身体两侧后微顺缠沉腕，臂高与肩平。（图㊾）

**防身术：**
　　如对方以右拳向我击来，我即以右手粘其腕，左手粘其肘向右下捋化，对方欲后退，我再顺势上架其臂，以右脚锁其前脚，以右手横击其头部。

22

## 八、掩手肱捶

● 身体微左转，重心微左移。同时两手左逆缠右顺缠成右手心向上，左手心向下。（图50）

● 身体右转，重心完全移至左腿，右脚随即屈膝提起。同时右掌变拳逆缠向左下落于腹前，拳面斜向下，左手向右下合于右前臂内侧，掌心斜向下。（图51）

● 重心下沉，右脚震脚落地，左脚随即提起向左前方铲出。两手略下沉合劲。（图52）

● 重心左移，身体微左转。同时两手微向上向左右划弧分开，手心向下。（图53）

● 重心微右移，身体微右转。同时两手顺缠里合，右手屈肘合于胸前，拳心向上，左手划弧于左肩前，掌心向上。（图54）

● 重心左移，身体左转，右脚蹬地。同时右拳逆缠经左前臂上向右前方快速发出，拳同肩高，拳心向下，臂微屈。左手快速收于左肋上，掌心朝里。（图55）

50

51

52

53

54

55

**防身术：**

如我右手被对方拿住，我右手即向下引，再以左手拿其腕逆缠上翻，使其反关节，并以右拳击之。

## 九、小擒打

● 重心右移，身体右转。同时右拳变掌微逆缠后上提至右额前，掌心朝外。左手顺缠掤于左膝前上方。手心向下。（图㊱）

● 重心左移，身体左转。同时右手逆缠向右下划弧至右胯旁，掌心朝下。左手微顺缠上提至左肩前，掌心斜朝里。（图㊲）

● 重心前移至左腿，右脚向前上步，脚跟着地。同时右手顺缠向胸前划弧，掌心朝上。左手逆缠下落于左前臂上，掌心斜向下。（图㊳）

㊱

㊲

㊳

㊴

● 重心前移至右腿，左脚向前上步成左仆步，身体微右转。同时右手逆缠向右上划弧至右额外侧，掌心朝外。左手逆缠向左下划弧至左膝上方，掌心朝下。（图㊴、㊵）

㊵

24

● 重心前移至左腿，身体微左转。同时左手顺缠向前上划弧至左肩前，掌心朝上。右手微顺缠下落至右胯旁，掌心朝下。（图⑥1）

● 重心微后移，身体微右转。同时左手逆缠向右后划弧至胸前，掌心朝后。右手随转身微向右后带。（图⑥2）

● 重心前移至左腿，身体左转。同时左手逆缠向下、前上横掌向外推出，掌心朝外，指尖朝右。右手立腕前推于左手下方，掌心朝外，指尖朝上。（图⑥3）

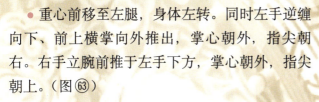

⑥1

⑥2

⑥3

**防身术：**

　　如对方右拳向我击来，我即用右手粘其腕，左手粘其肘向右下带，边带边左逆缠右顺缠，随即两手合劲将其向前推出。

25

## 十、抱头推山

● 重心微前移，身体微左转，右脚收回至左脚里侧，脚尖点地。同时右手顺缠向前上合于左手下，掌心朝上。（图⑥④）

● 左脚尖内扣踏实，身体右后转，右脚尖点地。同时两手随转体外掤，两手心朝里。（图⑥⑤）

● 重心下沉，身体微左转。同时两手下落分开向左右划弧，掌心朝上。（图⑥⑥）

⑥④　⑥⑤　⑥⑥

● 重心移至左腿，身体微右转，右脚提起向右斜前方上步。同时两掌逆缠向上屈肘合于胸前，指尖向上，掌心斜向外。（图⑥⑦）

● 重心前移至右腿，身体右转。同时两掌微逆缠向前按出，高与肩齐，掌心朝外。（图⑥⑧）

⑥⑦

⑥⑧

**防身术：**
　　如对方从我身后双手向我按来，我即转身以双手将其手左右化开，随即进步以双手推其胸。

# 第二段

## 十一、云手

● 重心移至左腿，身体左转。同时两手左逆缠右顺缠，左手向左上划弧至左肩前，掌心朝外，指尖斜向上。右手向左下划弧至腹前，掌心朝外，指尖斜向右。（图⑥）

● 重心移至右腿，身体右转。同时两手左顺右逆缠，左手向左、下、右划弧至腹前，掌心朝外，指尖斜向左。右手向上、右划弧至右肩前，掌心朝外，指尖斜向上。（图⑰）

● 重心移至左腿，身体左转，右脚随之向左后方插步，脚掌着地。同时两手左逆缠右顺缠，左手向右、上、左划弧至左肩前，掌心朝外，指尖斜向上。右手向下、左划弧至腹前，掌心朝外，指尖斜向右。（图⑰）

● 重心移至右腿，身体右转，左脚向左横开一步。同时两手左顺缠右逆缠，左手向左、下、右划弧至腹前，掌心朝外，指尖斜向左。右手向上、右划弧至右肩前，掌心朝外，指尖斜向上。（图⑰）

防身术：
　　如对方以右拳向我击来，我即向右转身，左脚里进，并以右手粘其腕向右下捋，左手逆缠翻腕至左上方架其臂，并以右手横击其腹部。

## 十二、高探马

● 左脚尖外摆，重心移至左腿，身体左转。同时左手逆缠向右、上、左划弧至左肩前，掌心朝外，指尖斜向上。右手顺缠向右下划弧至身体右侧，掌心朝外，指尖斜向上。（图⑦③）

● 身体继续左转，重心移至左腿，右脚收至左脚内侧，脚尖点地。同时两手顺缠，左手向下、右划弧，右手向下、左划弧，两手交叉合于胸前。右手心朝上，左手心朝右。（图⑦④）

● 右脚提起向右后方开一步，重心微右移，身体右转。同时右手逆缠向右下划弧至右胯旁，掌心朝下。左手微逆缠向左、上划弧，掌心朝外。（图⑦⑤）

● 重心微右移，身体右转。同时左手顺缠外翻，右手顺缠向右上划弧至肩高外翻，两掌心斜朝上。（图⑦⑥）

● 身体微左转，重心微右移，右脚尖内扣。同时右手逆内合至右胸前，掌心朝外。左手微顺缠下落。（图⑦⑦）

● 身体左转，重心右移，左脚收回至右脚里侧，脚尖点地。同时右手顺缠前推，掌心朝外。左手顺缠收至腹前，掌心朝上。（图⑦⑧）

⑦③ ⑦④ ⑦⑤ ⑦⑥ ⑦⑦ ⑦⑧

**防身术：**
　　如对方以左手拿我左手腕，我即左转身撤步，左手顺缠向下反压其腕并向左带，以右肘压其左臂或右手击其头。

## 十三、十字脚

● 身体先右再左转，两手随转体左逆缠右顺缠，右手向右、下、左、上划弧至胸前，掌心朝上，左手向左、上、右、下合于右前臂内侧，掌心朝下。（图⑦⑨）

● 重心移至左腿，右脚尖外摆，身体右转。同时右手逆缠下沉翻转再上掤至头前，掌心朝外。左手随之前掤，掌心朝外。（图⑧⓪）

● 重心移至右腿，左腿屈膝提起，身体右转。同时右手向右上，左手向左下略分。（图⑧①）

⑦⑨

⑧⓪

⑧①

⑧②

● 重心下沉，左脚向前方铲出。同时右手向右划弧至右额旁，掌心朝外。左手微顺缠下落至左膝前上方，掌心朝下。（图⑧②）

● 重心移至左腿，身体右转。同时左手顺缠向上、右合于胸前，掌心斜向下。右手顺缠向右、下、左、上合于右肘下，掌心朝下。（图⑧③）

● 重心移至左腿独立，右腿提起向左、上、右弧形摆动。同时左手微逆缠下落后向左迎击右脚面。（图⑧④）

● 右腿拍脚后提膝。同时左手拍脚后变拳微左下落，右手变拳微上提。（图⑧⑤）

● 右腿提膝，左脚为轴身体右转。同时两拳同时发劲，右拳顺缠摆至身体右下方，高与胯平，拳心朝上。左拳顺缠摆至头左前上方，拳心朝右。（图⑧⑥）

⑧③

⑧④

⑧⑤

⑧⑥

**防身术：**

　　如对方以右拳向我击来，我即以右手上架其臂，身体右转，左脚向前上步，右手顺缠握其手腕向右下采，辅以左手推之使其失势，随以右脚摆踢使其跌出。

## 十四、指裆捶

● 右脚震脚落地，左脚向左前上步，身体右转。同时左拳变掌，两手逆缠自身体两边向下划弧交叉于腹前，右手在下，两手心朝里。（图⑧⑦）

● 重心微左移，身体右转。同时两手微逆缠左右分开，手心朝下。（图⑧⑧）

● 重心微右移，身体左转。同时右手顺缠向左上合于右肋下，拳心向上。左手向右划弧合于胸前，掌心朝外。（图⑧⑨）

● 迅速地将重心左移，身体左转。同时右拳逆缠向前下方发力，拳心朝下。左掌微顺缠向身后发力收于左肋下，掌心贴肋。（图⑨⓪）

⑧⑦

⑧⑧

⑧⑨

⑨⓪

**防身术：**

指裆捶动作与掩手肱捶动作相似，区别在于指裆捶以右拳击对方裆部或腹部。

## 十五、白猿献果

● 重心右移，身体右转。同时右手微逆缠向上、右划弧，拳心朝外。左手变拳轻贴腹部逆缠向左下划弧，拳心朝外。（图⑨1）

● 左脚尖微外展踏实，身体左转，重心移至左腿并独立，右腿屈膝提起。同时右手顺缠向右下、左上划弧于右肩前，拳心朝里，拳面朝上。左手顺缠向下、左划弧收于左腰侧，拳心朝上。（图⑨2）

⑨1

⑨2

**防身术：**

  如我右手被对方右手拿住，我即向右转身，右手逆缠向右下带其右手，以左肘击其腹部解脱其拿。并迅速左转身以右拳击其下颚或腹部，以右膝击其裆。

## 十六、六封四闭

● 重心下沉并左移，身体左转，右脚向右前方落地上步。同时两拳变掌向左右划弧再逆缠合于胸前，掌心斜朝外。（图⑨3）

● 身体右转，重心移至右腿，左脚收于右脚内侧。同时两手向前下方合按，掌心斜向下。（图⑨4）

**防身术：**

  如对方双手将我抱住，我即身体左转下沉，以双手臂合力向前击其喉或胸部。

⑨3

⑨4

## 十七、单鞭

● 身体微右转。左手微逆缠前推再顺缠，掌心朝上。右手变勾顺缠屈肘收于左前臂内侧，手心朝里。（图⑨⑤）

● 身体左转。同时右手经左手上向右前上方提领，同肩高，勾尖朝下。左手左下落收于腹前，掌心朝上。（图⑨⑥）

● 重心移至右腿并屈膝下蹲，左脚提起向左铲出，脚内侧贴地。（图⑨⑦）

⑨⑤

⑨⑥

⑨⑦

● 左脚尖落地踏实，身体微左转，重心左移。（图⑱）

● 身体微右转，重心微右移。同时左手逆缠向右上穿至右肩前，掌心朝外。（图⑲）

● 身体左转，重心移至左腿。同时左手逆缠，向左划弧至左前方后顺缠变立掌微沉，掌心朝外。（图⑳）

⑱

⑲

⑳

**防身术：**

如我右手臂被拿，我即上左步，右转身，右手顺缠外翻向右下采，使对方失势，并以左手横击其肋。

## 十八、前招后招

● 身体微左转，重心微左移。同时右勾变掌顺缠向左划弧，掌心朝左。左掌微下落。（图⑩）

● 身体右转，重心移至右腿，左脚收于右前方，脚尖点地。同时右手逆缠向下、右、上划弧至头右侧，掌心朝外。左手向下、右划弧至腹前，掌心朝右，指尖斜向下。（图⑩）

● 身体微右转，重心右移，左脚向左（微后）方撤步。同时两手微向右带。（图⑩）

● 身体左转，重心移至左腿，右脚收于左脚右前方，脚尖点地。同时左手逆缠向右、上、左划弧至头左侧，掌心朝外。右手向下、左划弧至腹前，掌心朝左，指尖斜向下。（图⑩）

● 身体微右转。同时右手逆缠向左、上、右外翻划弧至头右侧，掌心朝外。左手顺缠向下、右划弧至腹前，掌心朝右，指尖斜向下。（图⑩）

防身术：

如对方以右拳向我击来，我即左转身，左手逆缠外掤拦挡，随即右转身，以右手臂向右上掤架其臂，并以左手击其腰、肋部。

35

## 十九、右野马分鬃

● 身体左转，重心移至左腿，同时右手顺缠向下、左落于左膝内侧上方，掌心朝左。左手逆缠外翻向左上划弧至头左后方，掌心朝外。（图⑩⑥）

● 重心移至左腿，身体微左转，右脚提起向前上步。同时两手向左后微带。（图⑩⑦）

● 重心移至右腿，身体右转。同时右手顺缠向右前上横托至右肩前，掌心朝上。左手微落，掌心朝外。（图⑩⑧）

⑩⑥

⑩⑦

⑩⑧

防身术：

如对方以左手击来，我即以左手臂逆缠上架其臂，并拿其手腕向左下采，同时右脚上步，右手从其左腋下穿出向右横击其胸、面部。

## 二十、玉女穿梭

● 身体微左转，重心移至左腿，右脚回收，脚尖点地。同时右手逆缠向左下划弧至腹前，掌心朝左。左手向右下划弧至右胸前，掌心朝外。（图⑩）

● 身体右转，微下沉。同时右手逆缠向上、右、下划弧至腹前，掌心朝下，左手微顺缠随转身下落腹前，掌心朝下。（图⑩）

● 左脚蹬地跳起，右腿提膝。同时两手顺缠上领，掌心朝上。（图⑪）

● 双脚震脚落地，双手逆缠下按，掌心朝下。（图⑫）

● 重心移至左腿，右腿屈膝提起。同时两手顺缠上提，掌心朝上。（图⑬）

⑩ ⑩ ⑪

⑫ ⑬

● 身体微左转，右脚迅速里合蹬出，脚尖斜向上。同时右掌微后带再逆缠迅速前推，掌心朝外。左掌逆缠经右前臂外侧向左后发肘劲至左胸前，掌心朝外。（图⑭）

● 右脚跨步前落，重心移至右腿，身体右转。同时右手推势不变，左手微落。（图⑮）

● 右脚蹬地跳起，左脚向前跃步，身体右转。同时左手迅速前推，右手回带至右肩前，掌心朝外。（图⑯）

● 左脚落地，右脚落于左脚后方成叉步。同时右手推势不变，左手微落。（图⑰）

● 两脚掌为轴，身体右后转，重心移至右腿。同时两手随转体向右后划弧至右肩前，掌心朝外。（图⑱）

⑭

⑮

⑯

⑰

⑱

## 二十一、双摆莲

● 身体微左转，重心移至左腿，右脚回收至左脚内侧，脚尖点地。同时两手左逆缠右顺缠微弧形下落，掌心朝外。（图⑪⑨）

● 重心移至左腿，右腿提起向左、上、右摆动。同时两手自右向左击拍右脚面。（图⑫⓪）

**防身术：**

如对方以右拳向我击来，我即右转身以双手向右下沉采其臂，复以右腿摆踢其背，以双手向左迎击其面。

⑪⑨    ⑫⓪

## 二十二、跌叉

● 右脚震脚落地，重心移至右腿，左腿微提，身体左转。同时两手变拳，右手顺缠向下、左划弧，左手逆缠向右下划弧，两手相合于腹前，左拳心朝里，右拳心朝上。（图⑫①）

● 重心移至右腿屈膝下蹲后合裆下沉，以臀部、右膝内侧贴地，左脚向前铲出以腿后侧贴地。同时右拳逆缠向右上划弧至身右后头上方，拳心朝前。左手顺缠随铲出腿前伸，拳心向后。（图⑫②）

**防身术：**

如对方以双手向我推来，我即左闪身，以右手臂向上格架其臂，以左脚蹬击其前小腿。再借下跌弹起之势，以左拳上冲击之。

⑫①    ⑫②

### 二十三、左右金鸡独立

● 身体微左转，右脚蹬地，重心移至左腿。同时左拳微顺缠上提。右拳逆缠右下落。（图⑫）

● 重心移至左腿，右腿屈膝微提，身体微左转。同时左拳微向右回带于胸前。右拳顺缠向下、前上穿至左前臂内侧，两拳心朝上。（图⑫）

● 重心移至左腿并独立，右腿屈膝提起。同时两拳变掌，右手逆缠向头右侧旋转上撑，掌心向外。左手逆缠向左下划弧至左胯旁，掌心朝下。（图⑫）

⑫

⑫

⑫

⑫

● 左腿屈蹲，右脚震脚落地。同时右手下按于右胯前，左手微前移，两掌心朝下。（图⑫）

● 身体微左转，重心移至左腿，右脚向右横开一步。同时两手左逆缠右顺缠向右、上、左划弧，左掌心朝外，右掌心斜向上。（图⑫）

● 重心移至右腿，左腿屈膝回收并微提，身体微右转。同时左手顺缠向左、下、右、上划弧至胸前，掌心斜向上。右手逆缠向左、下、右划弧至右胯前，掌心朝下。（图⑱）

● 重心移至右腿并独立，左腿屈膝提起。同时左手逆缠向头左侧旋转上撑，掌心向外。右手逆缠向右下划弧至右胯旁，掌心朝下。（图⑲）

⑫

⑱

⑲

防身术：

　　如对方以右拳向我击来。我即以左手向左搂化其手，以右膝击其裆部，以右手穿击其喉部。

## 二十四、倒卷肱

● 右腿屈膝微蹲，身体右转。同时左手前下落于胸高，掌心朝外。右手向后、上划弧至身右斜后方，掌心朝外。（图⑬⓪）

● 重心在右腿，左脚向左斜后方落步。同时右手先顺缠再逆缠收至右耳下，掌心斜向左。左手微顺缠翻转，掌心朝右。（图⑬①）

● 身体左转，重心左后移。同时右手逆缠向前推出，掌心朝外，指尖斜向上。左手逆缠向左后划弧至左胯旁，掌心向下。（图⑬②）

⑬⓪

⑬①

⑬②

**防身术：**

如我左腕被对方以右手拿住，我即以左手上提卸其拿势，并顺缠翻腕拿其腕，再逆缠下压，撤步向左下沉采其臂，以右手按其肘部，使其受制。

太极

## 二十五、别臂压肘

- 身体左转，重心左移。同时右手顺缠向左微带，掌心朝左。左手微向左逆缠划弧，掌心斜朝下。（图⑬）

- 身体右转，重心微右移。同时右手逆缠向右划弧，掌心斜向下。左手顺缠向右划弧，掌心朝上。（图⑭）

- 身体先微左转再微右转，重心左移，右脚前掌贴地向后划弧收于左脚前。同时左手继续向右划弧至胸前后逆缠屈肘横于胸前，掌心向下，肘尖向左前。右手顺缠向左划弧至左肘下，掌心向上，指尖朝左前。（图⑮）

- 身体右转，右脚向右后迅速震脚撤步，重心移至右腿，右膝微屈。同时左手经右前臂上迅速向前横掌击出，掌心朝下，指尖朝右。右手逆缠收于右肋下，掌心向上。（图⑯）

⑬

⑭

**防身术：**

　　如对方以双手推按我右手臂，我即向右引带其势，辅以左手拿带其右肘，使其身右前扑，再屈右臂以右肘击其面，以左掌横击其胸。

⑮

⑯

43

## 二十六、退步跨虎

● 身体微左转，重心右移，左脚向左后撤步。同时两手左顺缠右逆缠在胸前交叉，两掌心朝外。（图⑬）

● 身体左转，重心左移。同时两手逆缠左右分于两膝前上方，手心斜向下。（图⑱）

● 重心移至左腿，右脚收回至左脚内侧，脚尖点地。同时左手顺缠向左、上、右划弧至胸前，掌心朝右，指尖斜向上，右手顺缠向右、上、左划弧至左肘内侧下方，掌心朝左，指尖斜向上。（图⑲）

● 身体微下沉。同时两手逆缠，左手向左上方划弧至头左前上方，掌心朝外。右手向右下划弧至右胯旁，掌心朝下。（图⑭）

⑬

⑱

**防身术：**
　　如我双手被对方双手拿住，我即左转身，以双手向左右、向上分化其势，趁其胸前空出之机，再以两手合劲推按其前胸。

⑲

⑭

44

## 二十七、转身当头炮

● 身体左转，左脚尖外摆踏实，重心移至左腿，右腿屈膝提起。同时右手顺缠向左、上划弧至右膝上方，掌心朝上。左手随转身向左后微逆缠划弧至左肩前，掌心朝外。（图⑭）

● 身体左转并下沉，左脚向左前方落步。同时两手微逆缠向左下划弧，再上提握拳于左肋旁，左拳心朝右，右拳心朝里。（图⑭）

● 身体微右转，重心迅速右移。同时两拳顺缠迅速向前发劲，两肘微屈，拳眼朝上。（图⑭）

⑭

⑭

⑭

**防身术：**

　如对方以左拳向我击来，我即以左手拿其腕，右手拿其肘，左顺缠右逆缠使其反关节，再顺势以双拳击其左胸肋部。

## 二十八、收势

● 重心移至右腿，左脚收回至右脚内侧，两脚同肩宽，腿微屈。同时两拳变掌顺缠下落相合于腹前，掌心朝上，右手在上。（图⑭）

● 两手向下、左右、上划弧分开至两肩上，掌心斜向上。（图⑭）

● 同时两手逆缠向下按于腹前。（图⑭）

⑭

⑭

⑭

● 两膝伸直，身体直立。两手放松自然垂于身体两侧。（图⑭）

⑭

46

# 杨式太极拳

　　杨式太极拳是太极拳的一大流派，此派太极拳的创始人是河北永年人杨露禅。后经其子杨健侯、其孙杨澄甫等人经数十年苦心钻研，不断改进，在陈式太极拳的基础上发展创编而成。杨式太极拳的特点是外形舒展大方，中正圆满；连接和顺自然，简洁连贯；速度柔和缓慢，连绵不断；气势恢宏大度，浑厚凝重；劲力含蓄内敛，深藏不露。

# 杨式太极基本型法

## 一、手型

### 1. 拳
● 四指自然卷屈,拇指扣于食指第二指节上。(图①)

①

### 2. 掌
● 五指自然伸直分开,虎口撑圆,小指一侧撑张,掌心微凹。(图②)

②

### 3. 勾
● 五指第一指节自然捏拢,屈腕。(图③)

③

## 二、手法

### 1. 掤法

● 弧形屈臂横于胸前，掌心朝里，力达前臂外侧。（图④、图⑤）

④                    ⑤

⑥

⑦

⑧

### 2. 将法

● 两掌心斜相对，以腰带臂由体前弧形斜下运行，力达两掌心。（图⑥、图⑦）

### 3. 挤法

● 一臂弧形横于胸前，掌心朝里，另一手附于前屈臂手腕内侧。两臂撑圆，高不过肩，低不过胸，力达手背。（图⑧）

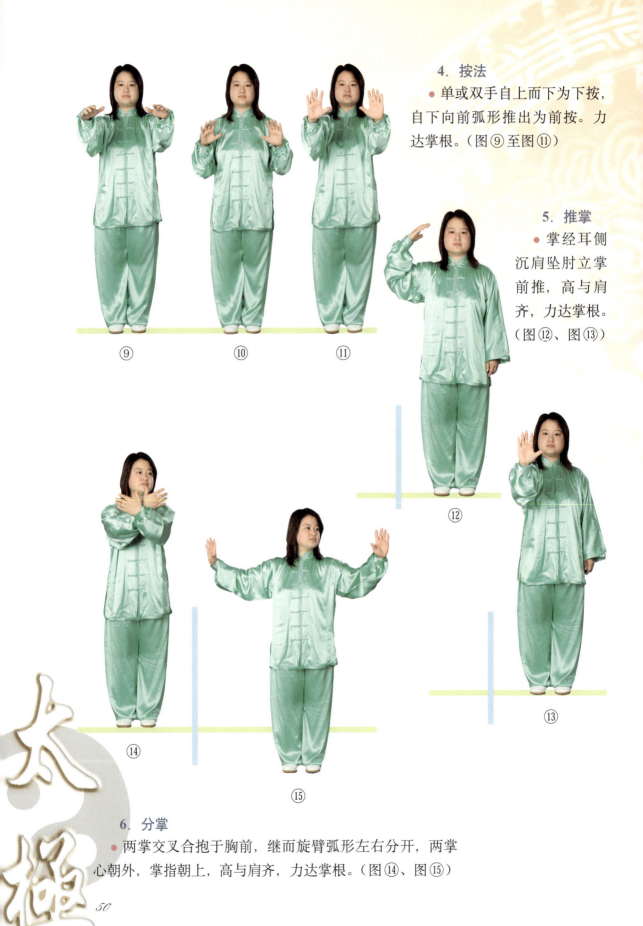

**4．按法**

● 单或双手自上而下为下按，自下向前弧形推出为前按。力达掌根。（图⑨至图⑪）

⑨　⑩　⑪

**5．推掌**

● 掌经耳侧沉肩坠肘立掌前推，高与肩齐，力达掌根。（图⑫、图⑬）

⑫

⑬

⑭

⑮

**6．分掌**

● 两掌交叉合抱于胸前，继而旋臂弧形左右分开，两掌心朝外，掌指朝上，高与肩齐，力达掌根。（图⑭、图⑮）

## 7. 云手

● 以腰带臂，两掌内外旋转经体前上下左右交替划圆，手高不过头，低不过腹。（图⑯至图⑱）

⑯

⑰

⑱

⑲

⑳

## 8. 冲拳

● 拳自腰间平拳或立拳向前击打，力达拳面。（图⑲、图⑳）

51

### 三、步型

#### 1. 弓步
● 前腿全脚着地屈膝前弓，另一腿自然伸直，脚尖内扣斜向前约 45 度。（图㉑）

#### 2. 半马步
● 前脚尖微内扣，后脚横向外展约 45 度，两脚相距约二至三个脚长。前腿前伸支撑体重 30%，后腿支撑体重 70%。在杨式中多为变弓步前的中间过渡动作。（图㉒）

㉑

㉒

#### 3. 独立步
● 一腿微屈支撑，另一腿屈膝提起，大腿水平。（图㉓）

#### 4. 虚步
● 一腿屈膝支撑，另一腿脚尖或脚跟着地。两脚距离根据架势高低而定。（图㉔）

㉓

㉔

#### 5. 开立步
● 两脚开立，膝放松，两脚尖微外展，两脚约与肩同宽。（图㉕）

#### 6. 仆步
● 一腿屈膝全蹲，另一腿自然伸直平仆地面。（图㉖）

㉕

㉖

## 四、步法

### 1．上步

● 后脚越过支撑腿脚内侧向前弧形迈步。（图㉗、图㉘）

㉗

㉘

㉙

㉚

### 2．退步

● 前脚越过后支撑腿脚内侧向后弧形退步。（图㉙、图㉚）

㉛

### 3．碾步

● 以脚掌或脚跟为轴转动。（图㉛）

㉜　　　　　　　㉝

㉞

㉟

### 4. 摆步

● 一腿支撑，另一腿屈膝提起，小腿外旋，脚尖外摆约45度向前上步。（图㉜、图㉝）

### 5. 侧行步

● 两脚以脚跟起、脚尖落的方式交替向体侧行走。（图㉞至图㉟）

㊱

㊲

㊳

### 6. 跟步

● 前脚不动，后脚向前跟半步。（图㊳）

## 五、腿法

### 1．分脚

● 一腿支撑，另一腿经提膝，绷脚踢出。（图㊴）

### 2．蹬脚

● 一腿支撑，另一腿经提膝，以脚跟为力点蹬出。（图㊵）

㊵

㊴

㊶

### 3．摆莲脚

● 一腿支撑，另一腿弧形外摆，两掌依次击拍脚面。（图㊶、图㊷）

㊷

## 六、身型

### 1．头
- 头虚领，颈竖直。

### 2．上肢
- 肩松沉，肘下坠，腕塌活。

### 3．躯干
- 胸松含，背拔伸，腰松活，臀垂敛，髋松缩。

### 4．下肢
- 腿微屈，膝松裹，踝灵活。

## 七、眼法

### 1．注视
- 以主要手为目标，向主要手的方向投目远视。

### 2．随视
- 随主动手，眼随手转。

# 杨式太极二十九势图解

第一段

一、起势

①

● 两脚开立与肩
同宽，两臂自然下
垂放松。（图①）

②

● 两掌内旋缓慢举起
至与肩平，与肩同宽，
掌心向下。（图②）

③

● 两臂沉肩，落肘，两
掌下按至两胯旁，掌心微
向胯内侧斜。（图③）

## 二、揽雀尾

### 1. 左掤势

● 右脚尖外撇，重心落于右腿并屈蹲，身体微右转，同时右手向左划弧于胸前，掌心向下，左手经腹前向右划弧至右掌下，掌心向上。（图④）

● 左脚提起，经右踝内侧向前上步，脚尖内扣落实，重心移至左腿成左弓步。同时身体右转，左前臂随转体向左上弧形掤出，高与肩平，右手向右下弧形下采至略高于右胯，掌心向下，指尖向前。（图⑤）

**防身术：**

如对方用右拳击我胸部，我以左臂粘其近肘处并上掤，以右掌抓其腕部下采，复以按劲使其臂不得动。

④

⑤

### 2. 右掤势

● 重心移至左腿，身体微右转，右脚提起。同时左臂微下落，内旋移至左胸前，掌心向下，右手向左弧形抄至腹前，掌心向上。（图⑥）

● 右脚向前上步，重心移至右腿成右弓步。身体微右转，同时右臂向前上掤出，高与肩平，掌心向内，左掌随右臂向前推出，掌心向外。（图⑦）

**防身术：**

同左掤式，唯方向相反。

⑥

⑦

### 3. 捋势

● 身体微左转，重心微左移，同时左臂外旋，掌翻成斜向内上，右臂内旋，掌翻成斜向外下。（图⑧）

● 身体左转，重心移至左腿。同时两臂沉肘左捋，左掌至略低于左胸，右掌至略高于右胸。（图⑨）

⑧

**防身术：**

接右掤式，对方沉肘欲走，我即将右手粘在其左肘外，随后左转身，左手反旋其腕上提，右手左下压其肘，使其反关节。

⑨

### 4. 挤势

● 身体右转，重心渐渐移至右腿，成右弓步。同时右臂外旋前挤弧形横于胸前，掌心向内。左掌内旋，掌根随右臂动作慢慢推附于右臂内侧，掌心向外。（图⑩）

**防身术：**

接上式，对方欲抽回手臂，我即顺势旋腕前挤，使其后倒。

⑩

## 5. 按势

● 右臂内旋，掌心翻转向下，左掌走小弧经右掌背交叉后两掌左右分开，略窄于肩宽，两掌心向下。（图⑪）

● 重心后移至左腿，身体微左转带动两臂曲肘下沉略向下抹回。（图⑫）

● 身体微右转，重心移至右腿成弓步。同时两掌立腕竖掌沉肘向前按出，两掌略窄于肩。（图⑬）

⑪

⑫

⑬

**防身术：**

接上式，对方欲沉肘摆腕，我即以左手抓其腕，右手搭其肘，先微沉带，后推之，使其跌出。

## 三、单鞭

● 重心仍在右腿，右脚尖尽量里扣踏实，身体左转。同时两臂随转体沉肘俯掌向左弧形抹转。（图⑭）

● 身体右转，两臂随体继续向内经胸前向右斜前方弧形抹转，右手在前，左手在后。（图⑮）

● 重心仍在右腿，左腿向内提起。身体继续右转，右臂向右斜前伸，掌变吊手。身体微左转，左臂外旋弧形向左上移至右手腕部，掌心朝内。（图⑯）

⑭

⑮

● 重心渐渐移至左腿成左弓步。左掌继续内旋掌心朝前推出。（图⑱）

⑰

⑯

● 身体左转，左脚向左前方上步。左臂随转体微内旋抹弧。（图⑰）

⑱

**防身术：**

如对方以右拳向我击来，我以右手刁其腕，以左脚叉步锁其右足，并以左臂从其右臂下穿过，并松肩沉肘以左掌击其面部或按其肋，使之失重跌出。

62

## 四、白鹤亮翅

● 身体微右转，左胯微内扣，重心完全移至左腿，右脚提起。同时左臂微外旋向右弧形落于胸前，右手变掌向下向左弧形外旋落于左掌下方，掌心朝上。（图⑲）

● 身体左转，右脚落步，重心移至右腿，左脚提起移至右脚前，脚尖点地。同时右臂继续内旋向上至头上，掌心翻朝外，左掌弧形下落于左胯旁，掌心朝下。（图⑳）

⑲

⑳

**防身术：**

　　如对方以右拳向我击来，我以左手向外拨化其腕，并向下沉采。对方复以左拳击来，我以右掌虎口卡其腕，并向上拖，并提左脚攻其下部。

## 五、左搂膝拗步

● 身体微右转，右胯微内收。同时右肩下沉，肘下落，臂外旋弧形下落，掌心渐渐翻朝上，左掌随转体弧形向右上移至胸前，掌心斜向下。（图㉑）

● 身体继续向右微转，左脚提起微收。同时右掌随转体弧形向右斜上移，掌心朝上，左掌向右弧形落于右腹前，掌心向下。（图㉒）

㉑

㉒

㉓

● 身体左转，左脚向前上步。同时右掌向右耳旁弧形回收，掌心朝里，左手微向左下划弧。（图㉓）

● 身体左转，重心移至左腿成左弓步。同时右掌经右耳旁向前推出，左掌向下向前经左膝弧形搂到左胯斜前方。（图㉔）

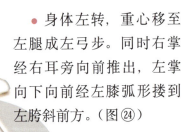

㉔

**防身术：**
如对方以右腿向我击来，我即以左手搂其右踝向左下沉带，左脚锁其前脚，右手向前推击其面部。

太极

## 六、进步搬拦捶

● 身体微左转，左脚外撇 45 度，重心慢慢移至左腿，右脚微提。同时右掌变拳向左下弧形移至左腹前，拳心朝下，左掌外旋随转体略向后捋，掌心翻朝上。（图㉕）

● 身体微右转，重心仍在左腿，右脚微上提。同时右拳微外旋自左向上划弧，左掌向左上划弧，掌心朝右下方。（图㉖）

● 身体右转，右脚向前上步，重心渐渐移至右腿。随转体右拳经胸前弧形外旋向前搬出，拳心向内上方，左掌划弧附于右腕里侧。（图㉗）

● 身体右转，右脚尖外撇，重心完全移至右腿，左腿前提。随转体右拳慢慢向右下弧形回抽，左掌经右里侧弧形前拦。（图㉘）

● 身体微右转，左脚向前上步。右拳弧形回收至腰间，拳心朝上，左掌侧立平直向前击出。（图㉙）

● 身体左转，重心移至左腿成左弓步。同时右拳内旋向前击出，拳眼朝上，左掌坐腕微弧形回收于右前臂里侧，指尖斜向上，掌心朝右。（图㉚）

㉕

㉖  ㉗

### 防身术：

如对方以右手击来，我以左手握其腕，以右臂从其臂下贴架其臂，并旋臂外搬将其划于右侧，谓之搬。

左手以掌拦击对方攻击之右手，谓之拦。

以右拳攻击对方空出的前胸，谓之捶。

㉘

㉙

㉚

## 七、右蹬脚

● 身体微左转，左脚尖外撇踏实，重心渐移至左腿，右脚跟离地。同时右拳变掌，两臂先内旋再外旋分别向左右下方划弧。（图㉛）

● 重心完全移至左腿，右腿屈膝提起。同时两掌经腹前向胸前划弧交叉合抱，两掌心朝里，右掌在外，左掌在里。（图㉜）

● 两臂内旋向左右弧形分开，两掌心朝外，指尖朝上。右脚以脚跟慢慢向前蹬出，脚尖朝上，左腿直立，膝微屈。（图㉝）

㉛

㉜

㉝

防身术：

如对方以左拳向我击来，我以左臂向左格开其臂，对方复以右拳向我击来，我以右臂向右格开其臂。并以右脚向其蹬击。

太极

## 八、左打虎式

● 左腿屈蹲，右腿下落。同时左臂外旋经额前自左向右划平弧，掌心朝里，右掌微下落。（图㉞）

● 左腿屈蹲，右脚落于左脚旁，重心渐移至右腿，左脚提起。同时两掌继续向右下方划弧，右掌心朝下，左臂继续外旋使左掌心翻朝上。（图㉟）

㉞

㉟

㊱

㊲

● 身体左转，右腿继续下蹲，左脚向左后斜方上步，随即重心渐移至左腿成左弓步。同时随转体左掌下落经腹前向左上内旋变拳划弧，停于左额前上方，拳心朝外。右掌变拳，自右向前向左曲肘横臂于胸前，拳心朝里，拳眼朝上。两臂完成动作时身体微右转。（图㊱、㊲）

**防身术：**
　　如对方以左拳向我胸部击来，我即转身，以右手向左下沉采其腕，并以右拳击其太阳穴。

## 九、右打虎式

● 左脚尖里扣踏实，重心仍在左腿，身体渐右转，右脚提起向右前斜方上步，脚跟着地。同时两拳变掌，左掌弧形下沉，掌心斜朝下，右臂微外旋下落，掌心翻朝上。（图⑧）

● 身体右转，重心渐移至右腿成右弓步。同时随转体右掌下落经腹前向右上内旋变拳划弧，停于右额前上方，拳心朝外，左掌变拳，自左向前向右曲肘横臂于胸前，拳心朝里，拳眼朝上。两臂完成动作时身体微左转。（图⑨）

**防身术：**
同左打虎式，唯方向相反。

⑧

⑨

## 十、左玉女穿梭

● 右脚尖里扣，重心仍在右腿，左腿提起。身体微左转，同时两拳变掌，随转体两臂外旋，右掌下落于胸前，左掌弧形向右下落于右肘下，两掌心均朝里。（图⑩）

● 左脚向左斜前方上步踏实，重心微前移。同时左臂内旋经右前臂外侧上掤，右臂沉肘内旋经左前臂内侧下落，掌心渐翻朝前下方。（图⑪）

● 身体左转，重心渐移至左腿成左弓步。同时左臂内旋向左额斜上方翻转划弧，掌心斜向上，右掌向前推出。（图⑫）

**防身术：**
如对方以右拳向我头部击来，我以左臂向左向上架开其臂，并手内旋抓其腕，以右掌向前攻击其胸。

⑩

⑪

⑫

## 十一、海底针

● 重心完全移至左腿，右脚提起略向前跟步下落。身体右转。同时右臂外旋回收，掌心朝左，指尖朝前下略沉，左臂微外旋自左上向右下方划弧，掌心朝下。（图㊸）

● 身体继续右转，重心后移至右腿，左脚跟提起。同时右肘屈沉，右腕向里向上提收，左掌随转体划弧于腹前，掌心朝下。（图㊹）

● 重心仍在右腿，左脚略里收落下，脚尖点地。身体略左转并折腰下沉。同时右掌向前下插，左掌弧形摆至左胯旁，掌心向下。（图㊺）

**防身术：**

如我右腕被对方抓住，我即松腰沉腕，以左手向左向下搂采其臂，同时右手向上提带以脱其抓握。进而以右掌指下插其裆部。

㊸

㊹

㊺

## 十二、扇通背

● 身体右转直立，重心完全移至右腿，左脚提起收回。同时右掌微内旋体前弧形上提，左掌从左胯旁向胸前斜上提，掌心朝右。（图㊻）

● 左脚向左前方上步，重心渐移至左腿成左弓步。同时右臂继续内旋屈肘上托于右额侧，掌心朝外，左掌向前平推。（图㊼）

㊻

㊼

**防身术：**

如对方以右拳向我头部击来，我以右腕粘其腕，右手内旋握拿其腕向上引采。左脚锁其右脚外侧，左掌推击其肋下或胸部。

### 十三、转身撇身捶

● 身体右转，左脚尖里扣，重心仍在左腿，右脚虚提。同时右掌变拳弧形屈臂下落于肋前，拳心朝下，左掌随转体弧形上举于左额前上方，掌心朝外。（图⑧）

● 身体继续右转，重心完全移至左腿，右脚提起。同时右臂微外旋向上环转，左掌向右下经右前臂外侧弧形下落。（图⑨）

● 右脚向右前上步踏实，身体右转，重心微前移。同时右拳随转体向前弧形下撇，左掌弧形向里收至胸前。（图⑩）

● 身体右转，重心移至右腿成右弓步。同时右拳弧形下落于右胯旁，拳心朝上，左掌经右前臂里侧上方向前推出。（图⑪）

⑧

⑨

⑩

⑪

**防身术：**
　　如对方以右拳从我背后击来，我即转身，以右拳用横劲击压对方来臂，并迅速变为采手沉采其腕，以左掌推击其面部。

## 十四、进步栽捶

● 身体右转,右脚尖外撇,重心移至右腿,左脚提起。同时右拳微后上提,左掌随转体内旋向右弧形下搂,掌心朝下。(图⑤2)

● 身体左转,左脚向前上步,重心移至左腿成左弓步。同时左掌向左经左膝前弧形搂至左膝旁,右拳经腰侧内旋向前下打出,低过于膝。沉腰胯,拳眼朝上。(图⑤3)

⑤2

⑤3

**防身术:**

如对方以左腿向我膝部踢来,我以左手顺对方的腿势向左搂其腿,其必左倒。我以左脚锁其左脚,以右拳攻击其腰间或左小腿。

## 十五、右野马分鬃

身体直立左转,左脚尖外撇,重心移至左腿,右脚收回前提。同时左掌向斜上方弧形摆至左胸前,掌心斜向下,右拳变掌外旋弧形回抄至腹前,掌心斜朝上。(图⑤4)

● 身体右转,右脚向前上步,重心移至右腿成右弓步。同时右掌随转体向右上方以大拇指一侧弧形掤出,高与眉齐,左掌向左弧形下采于左胯旁。(图⑤5)

⑤4

⑤5

**防身术:**

如对方以左拳向我胸部击来,我以左手粘其左腕并向左下沉带,以右脚锁其左脚,以右前臂向其腋下分击。

## 十六、云手

● 身体左转，右脚尖里扣踏实。同时右掌随转体微内旋，屈臂沉肘，手与肩平。左掌随转体外旋向右划弧至右腹前，掌心朝里。（图㊶）

● 重心仍在右腿，左脚提起向左横上半步。身体微左转。同时右臂内旋立腕略下沉，掌心朝外，左掌继续向右上划弧。（图㊷）

● 身体左转，重心移至两腿之间。同时左手向上、左划弧至胸前，右手向下、左划弧至腹前，两掌心朝里。（图㊸）

● 身体左转，重心渐移至左腿。同时左掌随转体微向上向左划弧，手高与眉齐。右掌随转体向左划弧，掌心朝里，身体略朝左。（图㊹）

● 重心完全移至左腿，身体右转，右脚提起向左脚横靠半步，重心移至两腿之间。同时左臂随转体内旋向下、右划弧至腹前。右掌随转体向上、右划弧至胸前，两掌心斜向里。（图㊺）

● 身体右转，重心渐移至右腿。同时右掌随转体外旋微向上向右划弧至右肩前，手高与眉齐，掌心朝外。左掌随转体向右上经腹前向右划弧，掌心朝里，身体略朝右。（图㊻）

㊶

㊷

㊸

㊹

㊺

㊻

防身术：

如对方以右拳向我胸部击来，我以右腕粘其右腕，并内旋反握其腕，向右下引带，复以左掌推按之。

72

## 十七、左单鞭

● 重心完全移于右腿，左脚提起。身体微左转，同时右臂随转体弧形下运内旋，使掌心向下、五指下垂捏拢成吊手，左掌向右上划弧于右腕斜下方，掌心朝里。（图⑥）

● 身体微左转，左脚向左上步。同时左掌微向左划弧，掌心朝里。（图⑥）

● 身体左转，重心移至左腿成左弓步。同时右吊手继续松肩右伸，左掌向左划弧，并内旋使掌心翻转朝前微微推出。（图⑥）

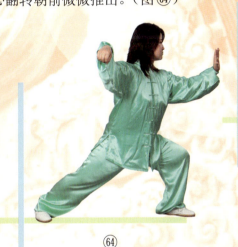

⑥

⑥

**防身术**：
同单鞭。

⑥

⑥

## 十八、右金鸡独立

● 身体渐渐左转，左脚尖外撇，重心渐移至左腿，右脚蹬地。同时随重心前移右臂弧形微下落，右吊手亦微落。（图⑥）

● 重心完全移至左腿并渐渐直立，右腿向前上提膝。同时左掌弧形下搂至左胯旁，右吊手变掌自后而下随右腿提膝以前臂内侧沿右大腿外侧向前弧形上托，屈肘置于面前，指尖朝上，高与眉齐，掌心朝左。（图⑥）

⑥

**防身术**：
如对方以右拳向我胸部击来，我以左手拿住其腕向左下沉采，以右手从其右臂下穿出上抬，其臂被我制。随即以右膝顶击其胸部。

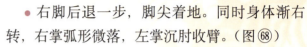

## 十九、左倒撵猴

● 左腿屈膝下蹲，右脚经左踝内侧下落，身体左转。同时左臂外旋向斜后、上划弧，右臂外旋略前伸，仰掌沉肘。（图⑰）

● 右脚后退一步，脚尖着地。同时身体渐右转，右掌弧形微落，左掌沉肘收臂。（图⑱）

● 重心渐移至右腿，全脚踏实。身体右转，同时右掌随转体弧形回抽于右胯旁，掌心向上，左掌内旋，弧形向上经左耳侧向前推出。（图⑲）

⑰

⑱

⑲

## 二十、斜飞势

● 重心完全移至右腿，身体微右转，左脚提收。同时右臂内旋，掌自右而上向左划弧，屈臂置于右胸前，掌心斜向下，左臂外旋自前而下经腹前向右划弧，掌心斜向上。两掌上下相合。（图⑦）

● 身体左转，左脚向左后方上步。（图⑦）

● 身体继续左转，重心渐移至左腿成左弓步。同时左掌以大拇指一侧向左后上方击出，高与额齐，右脚尖随即里扣，左掌向右弧形下采至胯旁，掌心朝下。（图⑦）

⑦ ⑦

⑦

**防身术：**

如对方以右拳从后向我击来，我即急转身，以双掌的绞和将其化解。并以右掌控制其右腕，外旋之。左脚向左后上步于其两脚之间，以左臂斜击其颈部或肋下。

## 二十一、左下势

● 身体微右转，重心渐移至右腿微蹲。同时左掌内旋屈肘向下、向里划弧至腹前，掌心朝外，右掌变吊手弧形右上提。（图⑦）

● 重心完全移至右腿并屈膝下蹲成左仆步。同时左掌继续向下经左腿里侧前穿。（图⑦）

**防身术：**

如对方以右手握我左手，我即重心下沉并以左手向右下方引带之。

⑦ ⑦

75

### 二十二、上步七星

● 左脚尖外撇，重心渐前移至左腿并屈蹲，身体左转立直，右脚蹬地提起。同时左掌向上划弧至胸前，臂内旋变拳，右吊手变拳弧形下落经腰部向前。两拳心向下。（图⑦⑤）

● 右脚向前上半步，脚尖点地成右虚步。同时右拳继续向前交叉于左拳下侧，两拳同时向前上掤。左拳在内，拳心向右里侧；右拳在外，拳心向左里侧。（图⑦⑥）

⑦⑤

⑦⑥

**防身术：**
　　如对方以右拳向我头部击来，我以双拳交叉上架其手，以右脚踢其小腿。

### 二十三、退步跨虎

● 身体右转，右脚向右后撤一步，重心渐右移。同时两拳变掌分开，右掌随转体向下、右、上划弧，左掌随转体内旋弧形下落，掌心朝外。（图⑦⑦）

● 重心移至右腿，左脚提起以尖点地成左虚步。身体左转，右掌内旋弧形向上于肩前上方，掌心翻朝前，左掌向左下弧形落于左胯旁，掌心朝下。（图⑦⑧）

**防身术：**
　　如对方以双掌向我击来，我即退步，两手上下分开，左手握其右腕向左下沉采，右手握其左腕向上掤住，使其不得进。

⑦⑦

⑦⑧

## 二十四、转身摆莲

● 身体微右转。左掌向左上划弧至左额前，掌心朝外，同时右臂沉肘向右、下、左划弧至左胸前，掌心朝下。（图⑦⑨）

● 以右脚掌为轴身体向右后转，左脚随转体踏地，向后摆提。同时两掌随转体向右后划弧，右掌在里上划至与鼻齐，左掌在外下划至与胸齐，两掌心朝下。（图⑧⓪）

● 左脚尖里扣落地，重心后移至左腿并屈蹲，身体微右转，右脚尖回收点地成右虚步。同时两掌随转体向右划弧，右掌置于身体右斜前方，左掌置于右腕左侧，略低于右掌，两掌心朝下。（图⑧①）

● 腰自左向右转，右脚自左向右上方弧形外摆，膝自然微屈，脚不过肩。同时两掌自右向左迎击脚面，先左后右。（图⑧②）

⑦⑨

⑧⓪

⑧①

⑧②

**防身术：**

如对方从身后以右拳向我击来，我即转身以双手向右将之。其复以左手击来，我即以双手向左将其臂，以右腿踢击其胸。

77

## 二十五、弯弓射虎

● 左腿屈蹲，右脚落于原地，脚跟着地后踏实，身体左转。同时两掌继续向左平摆，右臂随摆外旋，掌心翻朝上。（图⑧⑧）

● 重心渐移至右腿，成右弓步。身体右转，同时两掌随转体自左而下经腹前向右上划弧。（图⑧④）

● 两掌变拳继续向右上划弧，身体右转，右拳内旋经右耳侧向左前斜方打出，同额高，拳面朝外，左拳微外旋经胸前向左前斜方打出，同胸高。（图⑧⑤、图⑧⑥）

⑧③

⑧④

⑧⑤

⑧⑥

**防身术：**

如对方以右拳向我胸部击来，我即以双手向右引化其来势，复以右手握其腕，左臂先下压其肘，再前击。右手随时可撤回击其胸部或头部。

太极

## 二十六、进步搬拦捶

● 重心慢慢后移至左腿，身体微左转，右脚尖点地。同时右拳外旋弧形下落于左掌的右前上方，拳心斜朝下，左拳变掌随转体略向左下、后捋，手心斜向上。（图⑧⑦）

● 身体微右转，重心仍在左腿，右脚微上提。同时右拳微外旋自左向上划弧，左掌向左上划弧，掌心朝右下方。（图⑧⑧）

⑧⑦　　　　⑧⑧

⑧⑨

⑨⓪

⑨①

⑨②

● 身体右转，右脚向前上步，重心渐渐移至右腿。随转体右拳经胸前弧形外旋向前搬出，拳心向内上方，左掌划弧附于右腕里侧。（图⑧⑨）

● 身体右转，右脚尖外撇，重心完全移至右腿，左腿前提。随转体右拳慢慢向右下弧形回抽，左掌经右里侧弧形前拦。（图⑨⓪）

● 身体微右转，左脚向前上步。右拳弧形回收至腰间，拳心朝上，左掌侧立平直向前击出。（图⑨①）

● 身体左转，重心移至左腿成左弓步。同时右拳内旋向前打出，拳眼朝上，左掌坐腕微弧形回收于右前臂里侧，指尖斜向上，掌心朝右。（图⑨②）

**防身术：**
同进步搬拦捶。

## 二十七、如封似闭

● 左掌经右肘下向右外伸。（图93）

● 身体右转，重心微后移。左掌沿右前臂外侧外旋前伸，掌心翻向里。同时右拳变掌，臂外旋回收，掌心也翻向里，两臂交叉，高与肩平。（图94）

● 重心后移至右腿。两掌左右分开，边分边内旋使两掌相对。（图95）

● 重心渐前移至左腿成左弓步。同时微左转，两掌继续内旋向前按，掌心斜相对。（图96）

93

94

95

96

**防身术：**

如对方以左手抓握我右手，我即以左掌从右臂下向其手腕格击。如对方复换右手击来，我以双手交叉封住其来势，随即以左手拖其肘，右手握其腕，使其受制。我随即以双掌向前将其按出。

## 二十八、十字手

●身体右转，左脚尖里扣。两臂随转体沉肘划弧至额前，两掌心朝外。(图⑨)

⑨

●重心仍在左腿，右脚向左横收半步，随即重心移至两腿之间。同时两掌左右分开，分别向下划弧，臂随之下落外旋，至腹前交叉，右手在外。(图⑧)

●两腿渐直立，两臂继续向上划弧至胸前，掌心朝里。(图⑨)

⑧

⑨

**防身术：**
　　如对方用左手从右上向我击来，我以右手向右上架开其臂。对方复以右手击来，我即双手交叉捩住其臂。对方又以双手向我按来，我则以双手将其手由内往左右分开，手心朝上、下均可。

## 二十九、收势

- 两臂内旋前伸，随伸随左右分开与肩同宽，两掌心朝下。（图⑩）
- 两肘下沉，带动两臂向下按至两胯旁。（图⑩）
- 两脚开立，两臂自然下垂放松。（图⑩）

⑩

⑩

⑩

# 吴式太极拳

　　吴式太极拳是太极拳的一大流派，是由杨式小架太极拳发展而来的。吴式太极拳的创始人为满族人全佑，其先随杨露禅学拳，后又拜杨班侯为师。全佑将所学两种拳式传于其子吴鉴泉，经其改进修润而定架形成现今的吴式太极拳。

　　吴式太极拳拳架舒展适中，紧凑有度，动作柔化，小巧灵活，轻松自然，连绵不断。

　　吴式太极拳的主要技术特征表现为身型上要求"斜中寓正"，步型上要求"川字步"，手型上要求虎口撑圆、拇指上竖。

# 吴式太极基本型法

## 一、手型

### 1. 拳

● 四指自然卷屈，拇指扣于食指、中指第二指节上，握拳不可太紧。（图①）

### 2. 掌

● 大拇指与食指分开，另外四指自然伸直微分，虎口接近半圆形，四指与拇指似两部分，掌心微合。（图②）

### 3. 勾

● 拇指、食指、中指指尖自然捏拢，无名指、小指靠拢于中指，屈腕上提，勾尖朝下。（图③）

①

②

③

## 二、手法

**1. 掤法**

● 弧形屈臂横于胸前，掌心朝里，拇指正对鼻尖，肘尖下垂与食指约为45度斜线，肩与肘尖成斜下垂线。力达前臂外侧。（图④）

**2. 捋法**

● 一掌或两掌向左或右下引带，臂呈弧形，以腰带臂弧线运行，力达两掌心。（图⑤、图⑥）

**3. 挤法**

● 一臂弧形横于胸前，掌心朝里，另一手附于前屈臂手腕内侧。两臂撑圆，高不过肩，低不过胸。力达手背。（图⑦）

**4. 按法**

● 单或双掌自上而下或左而右（右而左）为按。力达掌根。（图⑧）

**5. 推掌**

● 一掌或双掌经耳侧边前推边内旋腕成立掌，掌心朝前，指高不过眼，力达掌心。（图⑨、图⑩）

④

⑤

⑥

⑦

⑧

⑨

⑩

### 6. 分掌

- 劈分掌
- 两掌经头前上方交叉（掌心朝外，掌指斜朝上）后，向身体两侧弧形分开并下劈。两掌心朝外，拇指侧朝上。（图⑪至图⑬）

⑪

⑫

⑬

- 斜分掌
- 两掌经胸前走合后分开，上手掌分于肩外侧，掌心斜向上；下落掌落于胯外侧，掌心向下。（图⑭、图⑮）

⑭

⑮

## 7．云掌

● 身体侧倾，以腰带臂，两掌内外旋转经体前上下左右交替划圆。（图⑯至图⑲）

⑯

⑰

⑱

⑲

⑳

㉑

## 8．搂掌

● 掌自身体一侧经体前弧形搂至膝外侧。（图⑳、图㉑）

## 9. 抹掌

● 两掌心相对，上手掌心朝下经胸前向异侧弧形平抹至同侧斜前45度。（图㉒至图㉔）

㉒

㉓

㉔

## 10. 架掌

● 手臂内旋上架于头一侧上方，掌心朝上，臂为弧形。（图㉕至图㉗）

㉕

㉖

㉗

**11．冲拳**

● 拳自腰间平拳或立拳向前击打，力达拳面。（图㉘、图㉙）

**12．贯拳**

● 两拳自两侧下方内旋向前上圈贯，拳与耳高，力点在食指根部。（图㉚、图㉛）

㉘

㉙

㉚

㉛

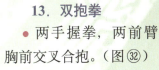

**13．双抱拳**

● 两手握拳，两前臂胸前交叉合抱。（图㉜）

㉜

89

## 三、步型

### 1．弓步

● 前腿全脚着地屈膝前弓，膝尖不得超过脚尖。另一腿自然伸直，脚尖内扣朝前（外撇不超过 20 度），两脚间横向间隔约同肩宽。两脚心落于"川"字纵向的对称角上，身体略前倾。（图③③）

### 2．马步

● 两脚开立下蹲，两脚相距约二至三个脚长，脚尖外撇，两膝与脚尖同方向。（图③④）

### 3．独立步

● 一腿微屈支撑。另一腿屈膝提起，大腿高于水平，脚尖自然下垂。（图③⑤）

### 4．虚步

● 一腿屈膝支撑，另一腿脚尖或脚跟着地。两脚距离与肩同宽。（图③⑥、图③⑦）

### 5．开立步

● 两脚开立，膝放松下蹲或直立，两脚尖向前，两脚约与肩同宽。（图③⑧）

### 6．仆步

● 一腿屈膝全蹲，另一腿自然伸直平仆地面。（图③⑨）

㉝

㉞

㉟

㊱

㊲

㊳

㊳

## 四、步法

### 1．上步

● 后脚越过支撑腿脚内侧向前弧形迈步，脚跟先着地，随重心移动过渡到全脚。（图㊵、图㊶）

### 2．退步

● 前脚越过后支撑腿脚内侧向后弧形退步，脚掌先着地，随重心移动过渡到全脚。（图㊷、图㊸）

㊵

㊶

㊷

㊸

㊹

㊺

### 3．碾步

● 以脚掌为轴碾转，脚跟内收或外展。（图㊹、图㊺）

### 4．摆步

● 一腿支撑。另一腿脚尖向转体方向外摆。（图㊻、图㊼）

### 5．扣步

● 一腿支撑。另一腿脚尖向内扣步。（图㊽、图㊾）

㊻   ㊼   ㊽   ㊾

㊿   ⓬

⓫

㊼

### 6．侧行步

● 两脚以脚跟起、脚尖落的方式交替向体侧行走。（图㊿至图⓭）

⓬

⓭

**1. 分脚**

● 一腿支撑。另一腿提膝，绷脚踢出，力达脚尖。（图⑤④）

**2. 蹬脚**

● 一腿支撑。另一腿提膝，以脚跟为力点勾脚尖蹬出。（图⑤⑤）

⑤④

⑤⑤

⑤⑧

⑤⑦

**3. 双摆莲脚**

● 一腿支撑。另一腿弧形外摆，两掌依次击拍脚面。（图⑤⑥）

⑤⑥

**4. 十字摆莲**

● 一腿支撑。另一腿弧形外摆，异侧手击拍脚面。（图⑤⑦、图⑤⑧）

## 六、身型

### 1．头
● 头虚领，颈竖直。

### 2．上肢
● 肩松沉，肘下坠，腕塌活。

### 3．躯干
● 胸松含，背松拔，舒展倚伸，腰松活，臀垂敛，髋松缩。

### 4．下肢
● 腿微屈，膝松裹上提，踝灵活。

## 七、眼法

### 1．注视
● 以主要手为目标，向主要手的方向投目远视。

### 2．随视
● 随主动手，眼随手转。

# 吴式太极三十一势图解

## 第一段

### 一、起势

- 两脚开立与肩同宽，两臂自然下垂放松。（图①）
- 两掌内旋缓慢举起至与肩平，与肩宽，掌心向下。（图②）
- 两腿屈膝松胯下蹲。同时两臂沉肩，落肘，两掌下按至两胯旁，掌心朝下。（图③）

① ②

③

## 二、揽雀尾

● 重心移至右腿，左脚向前上步。同时左掌外旋向胸前划弧，掌心向里，指尖斜向上，右掌也向胸前划弧至左前臂下，掌心斜向下。（图④）

● 重心前移至左腿成左弓步。同时两掌前挤，左前臂横于胸前，指尖向右，右掌附于左前臂内侧，掌心朝外，指尖向上。（图⑤）

④

⑤

⑥

● 左脚内扣，重心仍在左腿，身体右转。同时右掌经左掌上向右划弧，掌心向左前，左掌附于右前臂内侧，掌心向内。（图⑥）

● 身体继续右转，右脚向前上步。同时右掌外旋翻转成掌心斜向上，左掌内旋附于右前臂下，掌心向外。（图⑦）

⑦

● 重心前移至右腿成右弓步。同时两掌前挤，右前臂横于胸前，指尖向左，左掌向上划弧附于右前臂内侧，掌心朝外。（图⑧）

● 右掌内旋向右前方伸出，掌心向下，左掌外旋附于右前臂内侧，掌心向上。（图⑨）

● 重心后移至左腿，身体微右转。同时右掌向右下划弧至右胯旁，掌心向下，左掌仍附于右前臂内侧，掌心向上。（图⑩）

⑧

⑨

⑩

⑪

● 身体左转，重心微右前移。同时右掌外旋向上，随转体向左划弧至胸前，左掌内旋向下附于右前臂内侧。（图⑪）

⑫

● 身体右转，重心前移至右腿成右弓步。同时右掌向前上、向右划弧至右前方，左掌仍附于右前臂内侧。（图⑫）

● 重心后移至左腿，身体右转。同时右臂屈肘向右后转腕划弧至右肩处，掌心斜向上，掌与耳同高，左掌仍附于右前臂内侧随之运转。（图⑬）

　　　　　● 右脚内扣，身体左后转。同时右掌随转体内旋向前微按，左掌微外旋附于右前臂内侧。（图⑭）

　　　　　● 重心移至右腿，身体微右转。同时向前、向右划弧按出，掌心向右前方，左掌斜向上仍附于右前臂下。（图⑮）

⑬

⑭

⑮

## 三、左单鞭

● 重心仍在右腿，左脚掌碾转向前。同时右掌变勾。（图⑯）

● 重心仍在右腿，左脚提起向左后方迈步，脚掌着地。同时左掌立掌向左划弧，掌心朝内。（图⑰）

● 左脚尖碾转成外八字落地，重心渐左移至两腿屈膝成马步。同时身体左转，左掌立掌边向左划弧边外旋摆至左前方，掌心朝外，指尖斜向上。（图⑱）

⑰

⑯

⑱

**防身术：**

　　如对方以右掌捏我喉，我以右手刁其腕，随即微右侧身，以左脚叉步锁其右足后，以左臂从其右臂下穿过，并松肩沉肘以左掌击其面部或按其肋，使之失重跌出。

太极

## 四、提手上势

● 左脚尖内扣，重心微左移，身体右转，右脚跟微提。同时左掌微回收下落至左肩前，掌心斜向下，右勾变掌。（图⑲）

● 重心移至左腿，右脚向前上步。同时右掌向左外旋划弧至胸前，掌心翻朝里，左掌微内旋向右划弧至右前臂下方，掌心斜向右下。（图⑳）

⑲

⑳

㉑

㉒

㉓

● 重心移至右腿成右弓步。同时两掌前挤，右前臂横于胸前，指尖向左，左掌向上划弧附于右前臂内侧，掌心朝外。（图㉑）

● 重心继续右移，左脚跟微提。同时右掌变勾向右划弧，左掌下按，掌心向下。（图㉒）

● 左脚向前收至右脚内侧踏实成两脚开立，两膝微伸，重心在两腿之间。同时右掌向上内旋划弧至右额前上方，掌心向前上，左掌继续下按于腹前。（图㉓）

**防身术：**

如对方以右拳向我击来，我以左掌向右下采其腕部使其失重，并以右腕（或右掌跟）向其下颌提击。

101

## 五、白鹤亮翅

- 两腿微屈，身体微前俯，右掌下落与肩平。左掌不动。（图㉔）
- 身体继续前俯向下，左掌松指下落至左脚右斜前方。右掌不动。（图㉕）
- 身体左转，左指尖下垂引导左掌外旋划弧至左腿外侧，掌心斜向上。（图㉖）
- 身体右起。同时左掌随之上托，右掌随身起向头上微举。（图㉗）
- 身体直立右转。同时左掌向右上内旋举至额的左前方，右掌向右上举至额的右前方，两掌心朝外。（图㉘）
- 两膝微屈，重心下落。同时两肘下垂，两掌外旋下落至腕与肩平，两掌心朝里。（图㉙）

㉔ ㉕ ㉖ ㉗ ㉘ ㉙

**防身术：**
　　对方从我身体左侧搂我脖颈时，我即向左侧转，并以右掌从其右臂下穿，提拿其右腕，以左肘击其肋。随即旋其右腕，并以我左肘滚压其臂使其关节被制，匍匐其身。

太极

## 六、搂膝拗步

● 身体微左转，重心移至右腿，左脚向左前方上步。同时左掌内旋向下划弧搂至左膝前方，掌心向下，指尖向前，右掌松腕回收至右耳侧，掌心向里，指尖向前。（图⑳）

● 重心前移至左腿成左弓步，右脚跟外展。同时右掌以无名指引导前按，掌心向前，指尖向上，左掌搂至左膝外侧上方。（图㉛）

⑳

㉛

防身术：
　　如对方以右脚向我腹部踢来，我以左掌按其膝使之落步，并以左膝粘其右膝，右掌击其面部。

## 七、手挥琵琶

● 重心后移至右腿。同时左掌外旋向前上划弧至腕与肩同高，掌心斜向上。右掌弧形回收于左前臂内侧，掌心朝下。（图㉜）

● 重心稍左移，身体微右转。同时左掌内旋翻转成掌心向下，右掌外旋翻转成掌心向上。（图㉝）

● 重心前移至左腿成左弓步，同时两掌经右向前上划弧至胸前。（图㉞）

● 左腿直立，右脚收于左脚内侧，两脚平行站立。同时左掌外旋上举至左前方，腕略高于肩，掌心斜朝上，右掌内旋落贴于右肋侧，掌心朝里。（图㉟）

㉜　㉝　㉞　㉟

**防身术：**

　　如我右手被对方右手攥住，我即反压右肘，使其失重，并以左肘压其右肘，左掌击其颈。对方欲逃脱，我继以左掌向上托对方右肘关节，右手向下压其右腕，使其关节受制。

太极

104

## 八、左野马分鬃

● 身体微右转，重心移至右腿，左脚向前上步。同时左掌向右下落于右膝外上侧，掌心朝外。右掌屈肘向左上划弧至左肩前，掌心朝外。（图㊱）

● 身体微左转，重心左前移成半马步，同时右掌向右前方下落，左掌向左前方上举，两掌在胸前上下相合，两掌心相对。（图㊲）

● 重心前移至左腿成左弓步。同时两掌分别向上下、左右分开，左掌至左前上方，高与头齐，掌心斜向上。右掌分至右胯旁，掌心向下，指尖向右前方。（图㊳）

㊱

㊲

㊳

防身术：

　　如对方以左手打我面部，我以右手托起其肘，并以左脚锁其左脚，进左肩在其左腋下，靠左肩分左臂使其跌出。

105

## 九、右玉女穿梭

● 身体微直立左转，重心仍在左腿。同时左掌内旋翻转，掌心朝下，指尖向前。右掌外旋向左前翻转划弧至左肘内侧，掌心朝上。（图㊉）

● 身体微右转，重心移至左腿，右脚屈膝提至左小腿内侧。同时右掌经左前臂下向前穿出，左掌屈肘回收至右前臂内侧。（图㊵）

● 右脚向右前方上步踏实，重心微前移，身体微右转。同时两掌随转体向右微划弧。（图㊶）

● 身体右转，重心移至右腿成右弓步。同时两掌继续向右、上划弧至体前，右腕同肩高。（图㊷）

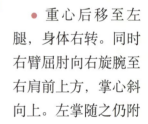

● 重心后移至左腿，身体右转。同时右臂屈肘向右旋腕至右肩前上方，掌心斜向上。左掌随之仍附于右前臂内侧，掌心微外旋朝里。（图㊸）

● 身体左转，右掌内旋屈肘上举至右额前，掌心斜向上。左掌外旋收于左腹前，掌心向上。（图㊹）

● 身体右转，重心移至右腿成右弓步。同时左掌向前推出，右掌继续内旋架于右额前上方，掌心斜向上。（图㊺）

106

# 十、肘底看捶

● 重心后移至左腿，身体微左转。同时左掌向左下划弧至左腰侧，掌心向下。右掌微向左斜前方下按，掌心向下。（图⑯）

● 重心仍在左腿，右脚向后撤步成左弓步。同时身体微左转，左掌继续向左下划弧，掌心向下。右掌继续向左斜下方下按，掌心向下。（图⑰）

● 重心后移至右腿成左虚步，身体微右转。同时左掌外旋变拳经右手腕上向前打出，拳心斜向上。右掌外旋变拳收至左肘下，拳眼向上。（图⑱）

⑯

⑰

⑱

## 十一、右分脚

● 左脚微向前上步。同时两拳变掌，左掌掌心仍斜向上。右掌内旋掌心翻转向下于左肘内侧。（图㊾）

● 身体右转，重心移至左腿成左弓步。同时右掌经左臂上向左、前、右划弧至右斜前方，掌高与头齐，掌心斜向下。左掌经右臂下向右划弧于右肘下。（图㊿）

● 身体左转。同时右掌外旋向左下落于左膝外侧，掌心向外，指尖斜向下。左掌内旋屈肘收于右肩前，掌心向外，指尖向上。（图51）

● 左腿伸膝独立，右腿屈膝提起。同时右掌内旋经左臂外侧向右上划弧，左掌随之向上至额前方，两掌掌心皆朝外。（图52）

● 右脚向右前方伸膝分脚，脚面展平。同时两掌左右分开，右掌与右脚同向，左掌于身体左侧，掌心皆朝外。（图53）

㊾

㊿

51

52

53

**防身术：**

如对方以右手向我腹部打来，我先以左掌向上粘其腕，随即左脚上一步，左掌抓其腕内旋上拖，使其肩反关节，右掌先击其右颈，再向右下捋其左肩，使之头朝下滚跌。

如对方以右手向我头部打来，我以左掌习采其腕，右掌上托其肘，使其臂不得脱。随即以左手向后拉，右脚向前点踢其胸或右肋部位。

太极

## 十二、双峰掼耳

• 右小腿屈膝回收。同时身体微右转，右掌微外旋下落，左掌外旋向右划弧于体前，两掌心向上。（图(54)）

(54)

• 左腿屈蹲，右脚向前上步。同时两掌分别下落于两胯旁，两掌心向上。（图(55)）

(55)

• 重心移至右腿成右弓步。同时两掌变拳分别由体侧向前上方内旋划弧至面前，拳眼相对，高与耳齐，拳面向外。（图(56)）

(56)

**防身术：**

如对方以双手搂住我腰，我以双臂下压其双肘使之身体前倾，随即以两拳击其双耳。

### 十三、披身蹬脚

● 身体微右转，左脚微向前移，两腿交叉微蹲成歇步，重心在右腿。同时两拳外旋分别左右划一圆弧后交叉于胸前，两拳心向内，左拳在外。（图⑤⑦）

● 右腿伸膝独立，左腿屈膝提起。同时两拳变掌内旋经向上划弧至额前方，两掌掌心皆朝外。（图⑤⑧）

● 左脚向左前方伸膝蹬脚，脚尖上勾。同时两掌左右分开，左掌与左脚同向，右掌于身体右侧，掌心皆朝外。（图⑤⑨）

**防身术：**
　　如对方以双手拽住我的双腕，我即右转，双臂外旋胸前交叉带动对方失重，随以左脚跟蹬击对方。

⑤⑦　　　　⑤⑧

### 十四、右倒撵猴

● 右膝微松，下沉，左小腿屈膝回收。同时右掌内旋向左划弧至身前，掌心朝下，指尖向前。左掌屈肘沉腕收于左耳侧，掌心朝右，指尖向前。（图⑥⑩）

● 右膝继续松沉，左脚向后落步成右弓步。同时左掌向前推出，右掌向右搂至右膝外侧上方。（图⑥①）

**防身术：**
　　如对方以右手向我面部打来，我以右掌顺势左格挡并刁住其腕向右下沉采使其失重，随即左脚后撤落步，左掌击其面部。

⑤⑨

⑥⑩

⑥①

## 十五、斜飞势

● 重心仍在右腿，身体微左转。同时左掌向左斜前方微按，掌心朝外。右掌微向后移。（图㉒）

● 重心完全移至右腿，左脚向前上步，身体右转。同时左掌外旋向左、下、右划弧至右腿外侧，掌心向上。右掌向左上划弧至左肩前，掌心朝外。（图㉓）

● 身体微左转，重心前移成半马步。同时左掌向上，右掌向下，使两掌在胸前交错。（图㉔）

● 身体左转，重心前移至左腿成左弓步。同时两掌分别向上下、左右分开，左掌至左前上方，高与头齐，掌心斜向上，右掌分按至右胯旁，掌心向下，指尖向右前方。（图㉕）

㉒

㉓

㉔

**防身术：**

如对方以右手打我嘴巴，我以左掌心粘其臂弯处上托。如对方又以左手打我嘴巴，我以右掌上托其左臂，以左掌粘其右臂向右后下方捋。随即左脚上步锁其右脚，以左臂斜分使其失重跌出。

㉕

## 十六、右迎面掌

● 身体微左转，同时左掌内旋屈肘下落至与肩高，掌心向下。右掌外掌心旋翻转向上收于右胯旁。（图⑥⑥）

● 重心前移至左腿，右脚向前收至左腿内侧。同时左掌微落，右掌向前上穿至左掌上方。（图⑥⑦）

● 右脚向前上步，重心前移至右腿成右弓步。同时右掌内旋向前推出，左掌外旋落于右肘下，掌心朝上。（图⑥⑧）

⑥⑥

⑥⑦

⑥⑧

**防身术：**

  如对方以左手向我打来，我以左手反握其腕并外翻以前臂滚压其臂，随即进右脚锁其脚，以右掌击其面部。

## 十七、十字摆莲

● 右脚尖内扣，左脚掌碾转回收成左虚步，身体左后转 180 度。同时右掌屈肘向左平摆至左肩前，掌心朝外。（图⑥⑨）

● 左脚提起向前方踢出，脚面展平。同时右手击拍左脚面。（图⑦⓪）

⑥⑨

⑦⓪

**防身术：**

如对方从后以左手打我，我转身以右掌粘其左腕扣住，并继续向左将使其失重，以左脚踢击其腰间或两肾，复以右掌反击其下颌。

## 十八、搂膝指裆捶

● 右腿屈蹲，左脚屈膝回收向前落步。同时右掌外旋屈肘扣腕回收至右耳侧，掌心向左，指尖向前。左掌内旋向左下搂至左膝前上方，掌心朝下。（图⑦1）

● 重心前移至左腿成左弓步。同时右掌向前推出，左掌搂至左膝外侧上方。（图⑦2）

● 重心前移至左腿，右脚向前收至左腿内侧。同时左掌外旋向前上方划弧至体前，掌心朝右。右掌屈肘向左摆至左肩前，掌心朝外。（图⑦3）

● 右脚向前上步。同时左掌屈肘扣腕回收至右耳侧，右掌向右下搂至右膝前上方，掌心朝下。（图⑦4）

● 右脚踏实，重心前移至右腿成右弓步。同时左掌变拳向前下方打出，肘微屈，拳与腹高，拳眼向上。右掌回收于左前臂内侧。（图⑦5）

⑦1

⑦2

⑦3

**防身术：**

如对方以左脚向我下腹部踢来，我以右掌按其膝，以左拳击其下腹部。

⑦4

⑦5

## 十九、左海底针

● 重心后移至左腿，右腿脚跟着地。同时左拳变掌向前上方划弧至与肩同高，掌心向右。右掌微落于右膝前上方。（图⑦⑥）

● 左腿屈膝半蹲，右脚收回至左脚内侧，脚尖着地。同时左臂下落，掌指下插。右掌向上收至左肩前，掌心朝外。（图⑦⑦）

⑦⑥

⑦⑦

**防身术:**

如我左手被对方左手抓拽，我即重心后移微左转，左掌旋腕反握其左腕使其反关节，并重心向下带动其身体前倾失重，以右掌点击其肋下。

## 二十、右闪通背

● 重心左移，身体上起。同时左掌上举至与肩平。右掌外旋掌心向上置于左上臂下。（图⑦⑧）

● 右脚向前上步。同时右掌沿左臂下前穿至左掌下，左掌内旋翻转向下成两掌心相对。（图⑦⑨）

● 右脚尖内扣踏实，重心前移，身体左转成马步。同时右掌立掌向前推按。左掌微内旋屈肘向左上架于左肩前上方，掌心朝外。（图⑧⓪）

⑦⑧

⑦⑨

⑧⓪

**防身术:**

如对方以左拳向我腹部打来，我即侧身进右步锁其左脚，以左掌粘其腕，并上翻其左臂，以右掌击其左肋下或胸部。

115

● 重心移至左腿，右脚尖内扣，身体微左转。同时右掌向下经腹前向左划弧至左肋前，掌心向上。左掌向左落于与肩同高，掌心朝下。（图⑧1）

● 右脚外摆，左脚内扣，重心移至右腿成右横弓步，身体右转。同时右掌向上经面前向右划弧至右肩前上方。左掌向下落于左胯旁，掌心斜朝下。（图⑧2）

⑧1

⑧2

⑧3

● 重心右移，左腿屈膝收至右腿内侧，两脚同肩宽，身体微右转。同时右掌内旋掌心翻转向下，向右前方伸出。左掌外旋，掌心向上经腹前向右上划弧至右肋前。（图⑧3）

116

● 左脚尖外摆踏实，右脚尖内扣，重心左移，身体左转。同时左掌向上经面前向左划弧至左肩前上方，右掌向下落于右胯旁，掌心斜朝下。（图⑧④）

● 重心左移，右脚向右开步，脚跟着地，同时左掌内旋掌心翻转向下，向左前方伸出。右掌外旋，掌心向上经腹前向左上划弧至左肋前。（图⑧⑤）

● 右脚尖外摆踏实，左脚尖内扣，重心右移成右横弓步，身体右转。同时右掌向上经面前向右划弧至右肩前上方，左掌向下落于左胯旁，掌心斜朝下。（图⑧⑥）

⑧④

⑧⑤

**防身术：**

　如对方以右掌打我面部，我以左掌粘其腕，以右掌沿其右臂外侧翻转，肘压其左肩，掌拍其头部。

⑧⑥

## 二十三、左高探马

● 重心右移，左腿屈膝，脚收回半步，脚尖向前，身体微右转。同时右掌内旋掌心翻转向外，向右前方伸出。左掌外旋，掌心向上向右划弧至腹前。（图⑧⑦）

⑧⑦

⑧⑧

● 重心移至左腿，右脚跟提起，脚尖点地成右虚步，身体微右转。同时左掌内旋向右掌方向推出，右掌外旋下落至腹前，掌心向上，指尖斜向前。（图⑧⑧）

## 二十三、翻身撇身捶

● 右脚跟落地踏实，脚尖内扣，重心右移，左脚尖外摆翘起，身体左转。同时左掌变拳下落腹前，拳心向下。右掌变拳内旋使拳心朝下，左拳高，右拳低，两拳斜相对。（图⑧⑨）

⑧⑨

● 身体继续左转，左脚向左上步，同时左拳外旋随转体向左前打出，拳心斜向上。右掌变掌微向左前推出，掌心朝外。（图⑨⑩）

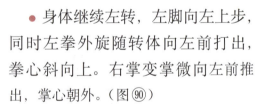

⑨⑩

● 重心前移至左腿成左弓步。右掌从左臂上向前方推出，手心斜向左。左拳回收于左腰侧，拳心向上。（图⑨①）

⑨①

太極

## 二十四、左下式

● 左拳变掌，两掌心相对向前上划弧，两臂与肩同宽。（图92）

● 重心右移，右腿屈膝，脚尖外展，身体右转。同时两掌均内旋向右划弧平掃，掌心朝外。（图93）

● 右腿屈膝全蹲，左腿伸直平铺地面成左仆步。同时身体左转，两掌均外旋向下经右膝前向前穿压至左腿内侧，左掌在前，右掌在后，两掌心斜相对，指尖向前。（图94）

**防身术：**

如对方双手向我胸前扑来，我即用右手从对方右臂下穿出，粘住对方右臂，同时右脚向后撤一步。然后右手抓其右腕，左手制其走肘向后下沉采，对方即失重前扑，我复以右掌向对方下腹部袭击。

## 二十五、上步七星

● 重心慢慢前移至左腿成左弓步，身体左转。同时左掌继续向前上方划弧，右掌附于左肘内侧下方。（图95）

● 右脚向前上步，脚跟着地。同时右掌伸于左腕下，使两掌在胸前交叉，两掌心朝外，指尖斜向上。（图96）

**防身术：**

对方以右掌袭来，我以双掌架住其右臂，以右腿锁其前腿外侧，以右脚蹬其后腿胫骨。

## 二十六、退步跨虎

● 左腿屈膝，右脚向后撤一大步，脚尖着地。同时两掌分开向前微伸，掌心向下。（图⑨⑦）

● 右脚向右碾转，脚跟落地踏实，左脚尖内扣，身体右转成右弓步。同时两掌向下、右划弧，右掌至右胯旁，左掌至腹前，两掌心均向下。（图⑨⑧）

● 重心移至右腿，左腿屈膝收至右腿内侧。同时右掌屈肘向上提至右耳侧，左掌向左搂至左膝外侧。（图⑨⑨）

● 右腿伸膝直立，左腿屈膝上提，膝高过腰，脚面展平，脚掌里扣。同时身体微左转，右掌向前推出，左掌变勾向左上体侧摆提。（图⑩⑩）

⑨⑦

⑨⑧

⑨⑨

⑩⑩

**防身术：**
　　对方以左手向我腹部击来，我以右手抓其腕，左手拖其肘外旋使其反关节。对方复以右脚踢来，我即收回左脚，左手向上反搂其腿，使其跌倒。

太極

## 二十七、左迎面掌

● 右脚向右碾转，身体右转，左脚向右前方落步，脚跟着地。同时右掌内旋微落屈肘横于胸前，掌心向下，左勾变掌屈肘收于左腰侧，掌心向上。（图⑩）

● 左脚尖落地踏实，重心移至左腿成左弓步，身体右转。同时左掌内旋经右掌上方向前推出，右掌外旋落于左肘下，掌心朝上。（图⑩）

**防身术：**
同右迎面掌，唯左右相反。

⑩

⑩

## 二十八、转身摆莲

● 左脚尖里扣，右脚尖拧转，脚跟提起，身体右后转。同时左掌向右划平弧至右肩前，肘微屈，掌心朝外，指尖向上。右掌不动。（图⑩）

● 身体向右拧转，右脚微收，脚尖点地。同时右掌内旋经左前臂外侧向前上、右划弧至右前方，左掌微落至右肘内侧，两掌心均向外。（图⑩）

● 右腿伸直向左、上、右弧形摆动，当摆至胸前时，左先右后两掌依次拍击右脚面。（图⑩）

**防身术：**
如对方从后以右手打我，我转身以左掌粘其右腕扣住，以右臂滚压其右臂使其反关节失重前倾，我复以右脚摆击其后腰部，以两掌向左反击其面部。

⑩

⑩

⑩

## 二十九、弯弓射虎

● 左腿屈膝，右脚向右前落步。同时两掌向左伸举，掌心斜朝下。（图⑩106）

● 两腿屈蹲成马步，身体微右转。同时两掌下按于身体左侧腹前，掌心朝下。（图⑩107）

● 身体右转，重心右移成右弓步。同时两掌经体前向右划弧至右膝侧上方。（图⑩108）

● 身体继续向右拧转。同时两掌变拳屈肘上提，左拳至右胸前，右拳至右肩前。两拳心朝下。（图⑩109）

● 身体左转。同时左拳以肘关节为轴向左前打出，肘屈，拳高与胸齐，拳眼向上。右臂伸肘，将拳向左前上方打出至右额前上方，拳眼向下。（图⑩110）

⑩106

⑩107

⑩108

**防身术：**

对方以右掌向我面部击来，我微右转身，以双手顺其来势向外向上一带，随即两手握拳向右前方横击其腋下。

⑩109

⑩110

122

## 三十、退步搬拦捶

● 重心后移至左腿，右脚尖翘起，身体微右转。同时右拳外旋下落至与肩高，拳心斜向上。左拳变掌内旋微向右划弧收于右前臂内侧，掌心朝上。（图⑪）

● 重心移至左腿，右脚向后撤步成左弓步。同时左掌经右前臂上向右、前、左弧形平抹，右拳微向左划弧收于右前臂内侧，拳心朝上。（图⑫）

● 重心后移至右腿，身体左转。同时两手向左下划弧至左胯旁，掌心、拳心相对。（图⑬）

● 身体右转，同时左掌向前伸，微右拦掌，掌心向右，指尖向上。右拳收至右腰侧，拳心向里。（图⑭）

● 左脚尖落地踏实，重心前移至左腿成左弓步。同时右拳向前打出，拳与胸高，拳眼向上。左掌附于右前臂内侧，掌心斜向右。（图⑮）

⑪

⑫

⑬

**防身术：**
　　对方以左掌向我胸部击来，我随后撤一步，以右手拖粘其肘，左手向左横搬其颈。对方复以右拳向我击来，我即后移重心，以左掌阻拦其右臂，以右拳从其臂下击其胸或腋下。

⑭

⑮

123

## 三十二、收势

● 以两脚跟为轴，左脚尖内扣，右脚尖外摆，重心右移，身体右转成右弓步。同时右拳变掌内旋向右平行分展，左掌微向左平分，两掌心向下。（图⑯）

● 身体左转，左脚收回至右脚内侧与肩同宽。同时右掌向左，左掌向右划弧至体前同肩宽，两掌心朝下。（图⑰）

⑯

⑰

⑱

● 两腿伸膝直立，两肘下沉，带动两臂下按，两掌自然松垂于大腿两侧。（图⑱）

# 武式太极拳

　　武式太极拳是太极拳主要流派之一。为河北永年武禹襄所创。武禹襄师承河南温县赵堡镇陈青萍，又得王宗岳《太极拳论》于舞阳县盐店，回家后与其甥李亦畬历经研习后大悟，不但心知且能身知，终独创出严格遵循太极拳原理的武式太极拳。他结合练功心得写出《十三势行功要解》《太极拳解》《太极拳论要解》《十三势说略》《四字秘诀》《打手撒放》《身法八要》等著名拳论，开创了太极拳理论研究之先河。其甥李亦畬仿武禹襄实验之法，不断亲身实践，经反复推敲修正，写出了《五字诀》《撒放秘诀》《走架打手行功要言》《太极拳小序》等论著，使武式太极拳得到了发扬光大。他们在太极拳理论发展方面所做的贡献是其他任何一派所无法比拟的。

　　武式太极拳拳势紧凑、古朴简洁；架势中正、虚实清楚、阴阳相辅；动作过程起承开合、节序清晰，左右各半、分工严格、不相逾越，出手高不过眼、远不过脚；动作速度舒缓适中、势断意连；动作劲力由内气潜转支配外形、势势贯穿、刚柔相济。

# 武式太极基本型法

## 一、手型

### 1．拳

● 四指自然卷屈，拇指扣于食指第二指节上。（基本同杨式）

● 另一种传统做法是在前一种的基础上拇指第一指节扣在食指第一指节上，其余四指尖不触及掌心，掌心完全含空，称为半握拳。（图②）

①

②

### 2．掌

● 五指自然平均地分开，手指向掌心侧微屈不完全伸直，大拇指与小指相对领气，掌心微凹。其伸展程度较杨式大，并要求手指尖朝上。（图②）

## 二、手法

### 1．掤法

● 两臂呈弧形斜竖于两侧胸前，掌心斜相对，前手腕与肩平，后手腕同胸齐，两手配合掤出。（图③）

### 2．捋法

● 两掌心斜相对由胸前向下弧形引带。（图④）

### 3．挤法

● 两臂呈弧形斜竖于两侧胸前，掌心斜相对，前手腕与肩平，后手腕同胸齐，两手合力前推。（图⑤）

### 4．按法

● 两掌心朝外向外划弧后合力向前下推出。掌不超过脚尖。（图⑥）

③

④

⑤

⑥

⑩

### 5．推掌

● 竖掌经脸颊旁向前推出。臂略弯曲，掌不超过脚尖。（图⑦、图⑧）

### 6．搂手

● 一掌随转身落于腹前后经膝前搂过至另一侧胯旁。（图⑨、图⑩）

⑨

⑧

⑦

⑪　　　　　　　⑫

### 7. 分掌

● 两掌相对合抱于胸前，向左右平行分开，掌心朝外，腕同肩高。两手虎口掌背两肩有相吸相系感。（图⑪、图⑫）

⑬　　　　　　　⑭

### 8. 云手

● 两手经体前弧形上下交替划圆。两手不翻转手掌，指尖朝上，以胸指挥手足相随运动。（图⑬、图⑭）

⑮　　　　　　　⑯

### 9. 架掌

● 手臂内旋自胸前向上托架于头前上方，掌心朝上，肘下垂，臂呈弧形。（图⑮、图⑯）

⑰　　　　　　　⑱

### 10. 托掌

● 掌自腹前内旋向上托举至头上方，掌心斜向上，指尖朝后。（图⑰、图⑱）

㉙      ㉚

㉑      ㉒

### 11. 按掌

● 掌自体侧向前弧形下按于体前，掌心向下。（图⑲、图⑳）

### 12. 冲拳

● 拳自腰间内旋平拳或立拳向前打出，臂微屈，沉肩坠肘，力达拳面。（图㉑、图㉒）

㉓      ㉔

㉕      ㉖

### 13. 双撞拳

● 两拳拳心向下或向上，通过身体的整体移动向前冲出。臂微屈，力达拳面。（图㉓、图㉔）

### 14. 栽拳

● 拳自上经耳旁向前下方击出，拳心斜朝下，力达拳面。（图㉕、图㉖）

## 三、步型

### 1. 弓步

● 前腿全脚着地屈膝前弓。另一腿自然弯曲蹬伸，保持圆裆开胯。（图⑳）

### 2. 丁步

● 一腿屈膝半蹲，另一腿以脚前掌着地点于支撑脚内侧。（图㉘）

### 3. 独立步

● 一腿微屈支撑。另一腿屈膝提起，大腿水平。（图㉙）

⑳

㉘

㉙

### 4. 虚步

● 一腿屈膝支撑，另一腿脚尖或脚跟着地虚点地面。前后脚距离根据架势高低而定。（图㉚、图㉛）

### 5. 仆步

● 一腿屈膝全蹲，另一腿自然伸直平仆地面。（图㉜）

㉚

㉛

㉜

## 四、步法

### 1. 上步
● 一腿屈膝半蹲支撑身体，另一腿越过支撑腿脚内侧向前弧形迈步。（图㉝、图㉞）

### 2. 退步
● 一腿屈膝半蹲支撑身体，另一腿越过后支撑腿脚内侧向后弧形退步。（图㉟、图㊱）

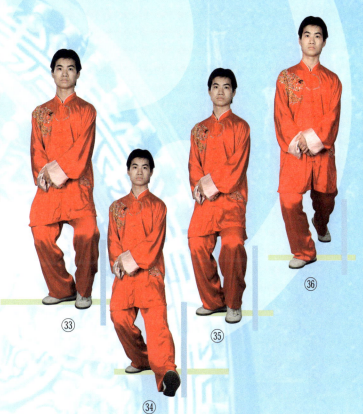

㉝

㉞

㉟

㊱

㊲　　　㊳

### 3. 碾步
● 以脚掌或脚跟为轴转动。实腿脚跟、虚腿脚尖转动。（图㊲、图㊳）

㊴　　　㊵

### 4. 摆步
● 一腿支撑。另一腿落步时小腿外旋，脚尖外摆约45度。（图㊴、图㊵）

㊶　　　㊷

### 5. 扣步
● 一腿支撑。另一腿落步时小腿内旋，脚尖内扣约45度。（图㊶、图㊷）

131

### 6. 侧行步

● 一脚向侧横迈一步，重心移至该脚，并以脚跟为轴扣脚转体带回，另一脚位于支撑腿脚内侧。然后移动重心，通过两脚向体侧行进。（图㊸至图㊽）

㊸

㊹

㊺

㊻

㊼

㊽

㊾

㊿

### 7. 跟步

● 前脚不动，后脚上半步不越过前脚，脚掌着地。（图㊾、图㊿）

## 五、腿法

**1. 起脚**

● 一腿支撑。另一腿抬起，脚尖向上，力达脚尖。（图⑤1）

**2. 摆莲脚**

● 一腿支撑。另一腿弧形外摆，两掌依次击拍脚面。（图⑤2）

**3. 蹬脚**

● 一腿支撑。另一腿脚尖勾起由屈到伸，力达脚跟向前蹬出。（图⑤3）

⑤1

⑤2

⑤3

## 六、身型

### 1．头

● 头虚领，颈竖直。

### 2．上肢

● 肩松沉，肘下坠，腕塌活。

### 3．躯干

● 胸松含，背拔伸，腰松活，臀垂敛，髋松缩。

### 4．下肢

● 圆裆开胯，腿微屈，膝松裹，踝灵活。

## 七、身法

● 身体要端正自然，不偏不倚，旋转松活，不可僵滞浮软，不可忽起忽落。动作要以腰带动四肢，使之上下相随、完整贯穿。

## 八、眼法

### 1．注视

● 以主要手为目标，向主要手的方向投目远视。

### 2．随视

● 随主动手，眼随手转。

# 武式太极三十五势图解

第一段

一、起势

● 两脚开立与肩同宽，两臂自然下垂放松。（图①）

①

● 两腿屈膝松胯微蹲。同时两臂沉肩，两掌内旋，十指上翘，坐腕，掌心朝下按于两胯旁。（图②）

②

## 二、揽扎衣

● 重心右移，身体左转，左脚向左斜前方上步。同时两掌由下而上立掌举于胸前，左掌在前，高不过眼。右掌在后，高与胸齐。（图③）

● 重心前移至左腿成左弓步。同时两掌向前推出，出掌不过脚，掌心斜向外。（图④）

● 重心仍在左腿，右脚向前跟半步，脚掌着地。同时两手向下、向左右分开后再向上划弧，立掌合于胸前。掌高与口平，掌心斜向前。（图⑤）

● 左脚尖内扣，重心仍在左腿，身体右转，右脚向前上步。同时左掌向下，右掌向上立掌举于胸前，右掌在前，高不过眼。左掌在后，高与胸齐。（图⑥）

● 重心前移至右腿成右弓步。同时两掌向前推出，出掌不过脚，掌心斜向外。（图⑦）

● 重心仍在右腿，左脚向前跟半步，脚掌着地。同时两手向下、向左右分开后再向上划弧，立掌合于胸前。掌高与口平，掌心斜向前。（图⑧）

③

④

⑤

⑥

⑦

⑧

**防身术：**

如对方以右直拳打来，我以右手粘其腕，左手粘其肘，双手顺势向右下方捋，使其重心向前。待其往回收身时，我即顺势前击其胸部。

## 三、单鞭

● 右脚尖内扣，重心仍在右腿，身体左转，左脚尖点地。同时两掌随转体推放至胸前。（图⑨）

● 重心仍在右腿，左脚向左前方上步。（图⑩）

● 身体左转，重心前移至左腿成左弓步。同时两掌随转体向左右分开，左掌指尖朝上，掌心斜向前。右掌高与肩平，指尖朝上，掌心向外。（图⑪）

**防身术：**

如对方挥拳向我面前打来，我以右臂上掤，并顺势旋腕向右捋化，同时以左脚蹬击其前腿骨，再下踏其脚面。辅以左掌击其胸、肋。

⑨

⑩

⑪

## 四、提手上势

● 重心仍在左腿，身体右转，右脚向左跟步至左脚旁，脚尖点地。同时左手向上托举，掌心朝上，右手向下、左划弧于腹前，指尖向上，掌心斜向左。（图⑫）

**防身术：**

如对方以左拳向我胸腹部击来，我以右手向下截其腕并旋掌外挂，以左手向上外旋托其右肘，再内旋右手下压其腕，使其臂僵直不得动。

⑫

## 五、白鹤亮翅

- 以左脚跟、右脚掌为轴，身体右转，重心仍在左腿。（图⑬）
- 右脚向前上步，重心仍在左腿。同时右手向上划弧至额前上方，掌心朝外。左手经脸前立掌下落，高与胸齐，掌心朝外。（图⑭）
- 重心前移至右腿成右弓步。同时左手微向前推，右手略有外翻之意。（图⑮）
- 重心仍在右腿，左脚向前跟半步，脚掌着地。同时两手向下、向左右分开后再向上划弧，立掌合于胸前。掌高与口平，掌心斜向前。（图⑯）

⑬

⑭

⑮

⑯

139

## 六、搂膝拗步

● 左脚向右脚后移，脚尖点地，以右脚跟为轴身体左后转。（图⑰）

● 重心仍在右腿，左脚向前上步。同时左手下落，掌心斜向下。右手向上划弧至右脸旁，高与耳齐，指尖朝上，掌心向前。（图⑱）

● 重心前移至左腿成左弓步。同时左手向左下搂至左膝旁，指尖朝前，掌心向下。右手前推，指尖朝上，掌心向前。（图⑲）

● 重心仍在左腿，右脚向前跟半步，脚掌着地。同时右手向下，左手向上，两手相齐，向左右分开后再向上划弧，立掌合于胸前。掌高与口平，掌心斜向前。（图⑳）

⑰

⑱

⑲

⑳

**防身术：**

如对方以右拳向我面部击来，我以右手粘腕、左手粘肘，向右上引化其来势。随即以左脚蹬击其前腿骨，并内旋左手下按其肘，以右掌前击其胸。

## 七、手挥琵琶

● 右脚向后退一步落地踏实，重心移至右腿，左脚收至右脚左前方，脚尖点地。同时左掌向上、右掌向下立于身体中线部位。左掌在上，掌心朝右；右掌在下，掌心朝左。（图㉑）

**防身术：**

　　如我右腕被对方所制，我即放松右臂，并外旋右腕向后撤步使其反腕受制，再以左手背击打其面。

## 八、上步搬拦捶

● 重心前移至左腿，右脚跟提起，身体微左转。同时左掌不动，右掌变拳下落至右胯旁，拳心朝下。（图㉒）

● 重心仍在左腿，右脚向前上步，身体右转。同时左掌立掌向左横移至右胸前，掌心朝右。右拳外旋翻转至右腰侧，拳心朝上。（图㉓）

● 重心移至右腿，左脚向前上步。同时左掌微下按。（图㉔）

● 重心前移至左腿成左弓步，身体微左转。同时右拳内旋从左掌上击出，拳心朝下。两手交叉。（图㉕）

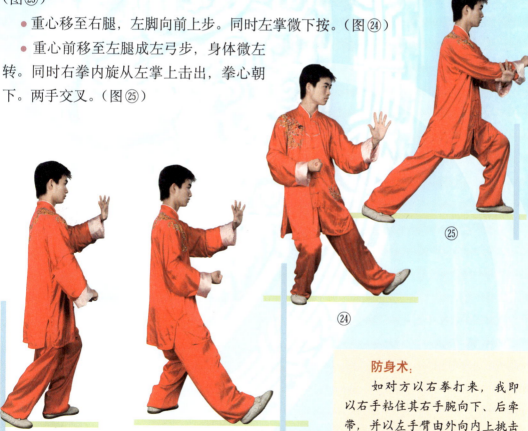

㉑

㉕

㉔

㉒

㉓

**防身术：**

　　如对方以右拳打来，我即以右手粘住其右手腕向下、后牵带，并以左手臂由外向内上挑击其肘，再辅以右拳击其胸。

## 九、如封似闭

● 重心前移至左腿，右脚向前跟半步，脚掌着地。同时右拳变掌，两手左右分开于胸前，宽与肩同，掌心斜向前，指尖向上。（图㉖）

● 右脚向后退半步落实，重心移至右腿，左脚收至右脚左前方，脚掌着地。同时两手微向后带。（图㉗）

● 重心仍在右腿，左脚向前上步，脚跟着地。（图㉘）

● 重心前移至左腿成左弓步。同时两掌前推，掌心向前，指尖向上，高与胸齐，远不过脚。（图㉙）

● 重心移至左腿，右脚向前跟半步，脚掌着地。（图㉚）

㉖

㉗

㉘

**防身术：**

如对方向前以双手推击我胸，我即右脚向后撤步，身体右转闪身让开其势，双手向下按抓其双臂，使其失势。然后纵身向前以双手推击其胸。

㉙

㉚

## 十、倒卷肱

● 重心仍在左腿，右脚向左脚后外侧移步。（图㉛）

● 重心仍在左腿，以右脚掌与左脚跟为轴向右后转。同时随转体右掌立掌划弧至胸前，掌心向左，指尖向上。左掌划弧至左耳侧，掌心朝里。（图㉜）

● 重心仍在左腿，右脚向前上步。（图㉝）

● 重心前移至右腿成右弓步。同时左掌前推至身体中线部位，掌心斜向右，指尖向上。右掌微前按于左掌下方，掌心向左，指尖向上。（图㉞）

㉛

㉜

㉝

㉞

㉟

● 重心移至右腿，左脚向前跟半步，脚掌着地。同时左手向下、右手向上，两手相齐后向左右分开后再向上划弧，立掌合于胸前。掌高与口平，掌心斜向前。（图㉟）

● 重心仍在右腿，左脚向右脚后外侧移步。(图㊱)

● 重心仍在右腿，以左脚掌与右脚跟为轴向左后转。同时左掌立掌划弧至胸前，掌心向右，指尖向上。右掌划弧至右耳侧，掌心朝里。(图㊲)

● 重心仍在右腿，左脚向前上步。(图㊳)

● 重心前移至左腿成左弓步。同时右掌前推至身体中线部位，掌心斜向左，指尖向上。左掌微前按于右掌下方，掌心向右，指尖向上。(图㊴)

㊱

㊲

㊳

㊴

㊵

● 重心仍在左腿，右脚向前跟半步，脚掌着地。同时右手向下、左手向上，两手相齐后向左右分开后再向上划弧，立掌合于胸前。掌高与口平，掌心斜向前。(图㊵)

**防身术：**
　　如对方挥拳向我打来，我即以右脚斜撤避其锋，同时身体右旋，以右手下扣其腕并顺势向右引化，以左掌向其面猛击。

太极

144

## 十一、按势

● 右脚向后退步，重心移至右腿，左脚尖点地，身体微右转。同时两掌微外旋，右掌下落至腹前，左掌立于胸前，两掌心斜相对，指尖向上。（图④）

● 重心沉落屈膝下蹲，身体微左转前俯。同时左掌划弧下按至左胯旁，掌心朝下，指尖朝前。右掌向后下、前上、下划弧下按至左小腿内侧，掌心斜朝下，指尖朝前。（图④）

④

防身术：

　　如对方以右拳向我胸部击来，我迅速撤步微右闪身以避其锋。左手先下按其臂，再进步插裆以右手向下击其背或面部（视其当时身体状态而定）。

④

## 十二、青龙出水

● 身体直立，重心仍在右腿，左脚向前上步，身体微右转。同时右手外旋上架于头右侧上方，掌心斜朝上。左手外旋向上划弧立于胸前，掌心朝右。（图④）

● 重心前移至左腿成左弓步。同时左掌微向前按。（图④）

④

④

防身术：

　　如对方以右手向我面部抓来，我即以右手扣住其拇指，身体右转向内旋腕上拧，吊其右臂。左手趁势击其胸肋处。

## 十三、翻身

● 以左脚跟为轴，身体右后转，重心仍在左腿，右脚尖翘起。同时左手向上划弧架于头左侧上方，掌心斜朝上。右手下落立于胸前，掌心朝左。（图㊺）

● 重心前移至右腿成右弓步。同时右掌微向前按。（图㊻）

㊺

㊻

**防身术：**

如对方以右拳顺步击来，我即以右手粘其腕，左手托其肘，左脚上步锁其右脚，并迅速右后转，左手内旋右手外旋以合力下采，使对方身体旋转失势倒地。

## 十四、三通背

● 右脚向后撤步落实，重心移至右腿，左脚收回脚尖点地，身体微右转。同时两掌外旋，左掌下落于胸前，掌心向右，指尖向上。右掌向回收至左前臂内侧，掌心向左，指尖向上。（图㊼）

● 重心仍在右腿，左脚向前上步。（图㊽）

● 重心前移至左腿成左弓步。同时两掌立掌前推。（图㊾）

㊼　㊽　㊾　㊿

● 左脚尖外撇，重心仍在左腿，右脚向前上步，身体左转。同时右手向上划弧至口齐，左手向下划弧至胸前，两掌心斜相对，指尖向上。（图㊿）

● 重心前移至右腿成右弓步。同时两掌立掌前推。（图51）

● 重心移至右腿，左脚向前跟半步，脚掌着地。同时右手向下，左手向上，两手相齐后向左右分开后再向上划弧，立掌合于胸前。掌高与口平，掌心斜向前。（图52）

## 十五、野马分鬃

● 重心仍在右腿，左脚向前上步，脚跟着地。右脚蹬地，左腿前弓，左脚落实后重心移至左腿，右脚跟步，脚掌着地。同时左手立掌向右、上、左划弧至左额前上方，掌心斜向上。右手向右、下落于右腹前，掌心斜向下。（图㊼）

● 重心移至左腿，右脚向前上步，脚跟着地。左脚蹬地右腿前弓，右脚落实重心移至右腿，左脚跟步，脚掌着地。同时右手立掌向左、上、右划弧至右额前上方，掌心斜向上。左手向左、下落于左腹前，掌心斜向下。（图㊔）

● 重心仍在右腿，左脚向前上步，脚跟着地。右脚蹬地左腿前弓，左脚落实重心移至左腿，右脚跟步，脚掌着地。同时左手立掌上举至肩平，右手弧形下落至腹平，左手在前、右手在后，两手立掌前推。（图㊕）

㊼

㊔

㊕

**防身术：**

如对方以右拳向我面部击来，我以左手向上旋架其臂，手腕外旋扣其腕向下采。同时上步进身以右臂从其腋下上架其肘，以右手搓击其面。

# 第二段

## 十六、云手

● 重心仍在左腿，以左脚跟、右脚掌为轴，身体右转，右脚向右平行上步，脚跟着地。同时右手先外旋再内旋向上、右划弧至胸前，掌心朝左，指尖朝上。左手外旋向下、右划弧至腹前，掌心朝上。（图㊶）

● 重心移至右腿成右弓步，身体右转。两掌随身转动，动作不变。（图㊷）

● 重心仍在右腿，以右脚跟、左脚掌为轴，身体左后转，左脚跟着地。同时左手随转体内旋向上、左划弧至胸前，掌心斜向外，指尖朝上。右手外旋向下、左划弧至腹前，掌心朝上。（图㊸）

● 重心移至左腿，左脚落实，以左脚跟、右脚掌为轴，身体右转，右脚向后平行上步，脚跟着地。同时右手先外旋再内旋向上、右划弧至胸前，掌心朝左，指尖朝上。左手外旋向下、右划弧至腹前，掌心朝上。（图㊹）

● 重心移至右腿成右弓步，身体右转。两掌随身转动动作不变。（图㊺）

㊶

㊷

㊸

㊹

㊺

**防身术：**
　　如对方以右拳向我击来，我以右手粘其腕向右下捋化，同时辅以左手向右后推击其背，使其失重跌出。

## 十七、右起脚

● 重心后移至左腿，提右脚收于左脚右前侧，脚掌着地。同时左手内旋向上划弧至右掌下方，掌心朝右，指尖朝上。（图㉑）

● 重心仍在左腿，身体微右转，提右脚向前方踢出，右膝微屈。脚高不过左膝，脚面绷平。同时右掌前推，左掌向左后推。（图㉒）

㉑

㉒

**防身术：**

如对方以右拳向我击来，我以左手采拿其腕，右前臂粘压其肘。对方欲抬肘反抗，我即起右脚踢其腰肋，右手顺势向上撩击其面。

## 十八、玉女穿梭

● 重心仍在左腿，右脚向左脚后插步，脚掌着地。同时左手向上划弧至左额上方，掌心斜向上。右手立掌收至胸前，掌心朝左。（图㊸）

● 以左脚跟、右脚掌为轴，身体右后转，重心仍在左腿，右脚掌着地。同时左手经右手内侧立掌下落于胸前。右手从左手外向上架于额右上方。（图㊹）

㊸

㊹

㊺

㊻

㊼

㊽

● 重心仍在左腿，右脚向左斜前上步，脚跟着地。（图㊺）

● 重心移至右腿成右弓步，同时左手微向前推。（图㊻）

● 重心完全移至右腿，提左脚收于右脚左后侧，脚掌着地。（图㊼）

● 重心仍在右腿，左脚向右脚后插步，脚掌着地。同时左手向上划弧至左额上方，掌心斜向上。右手经左手内侧立掌收至胸前，掌心朝左。（图㊽）

- 以右脚跟、左脚掌为轴，身体左后转，重心仍在右腿，左脚掌着地。（图⑥⑨）
- 重心仍在右腿，左脚向左斜前上步，脚跟着地。（图⑦⑩）
- 重心移至左腿成左弓步。同时右手微向前推。（图⑦①）
- 重心完全移至左腿，提右脚收于左脚右后侧，脚掌着地。（图⑦②）

⑥⑨

⑦⑩

⑦①

⑦②

152

## 十九、转身蹬脚

● 重心后移至右腿，左脚屈膝提起，以右脚跟为轴，身体左后转。同时左手立掌下落至胸前，掌心朝右。右手立掌回收至胸前，掌心朝左，两掌心相对。（图⑦3）

● 右腿独立支撑，左脚尖翘起，以脚跟发力向前蹬出，高不过腹。同时两手立掌左右分开，掌心朝外。（图⑦4）

⑦3

⑦4

**防身术：**
　　如我踢敌之左脚被对方双手抱住，我即左转身，以左脚尖里勾其手向左牵引使其失势，随即以左脚猛踢其胸肋。

## 二十、左右金鸡独立

● 左脚向前落地，脚跟着地，重心前移至左腿并屈蹲。右脚收提至左脚内侧，身体微左转。同时右掌外旋向下、左、前撩出，同腹高，掌心向上，指尖朝前。左手下落按于左胯旁，掌心朝下，指尖朝前。（图⑦⑤）

● 左腿独立支撑，右腿屈膝提起。同时右手心向上，屈肘内旋向上托举至头右前方，掌心斜朝上，指尖朝后上方。左手微向左下按。（图⑦⑥）

● 右脚落于左脚旁，重心移至右腿并屈蹲。左脚收提至右脚内侧，脚尖点地。同时左掌外旋向前撩出，同腹高，掌心向上，指尖朝前。右手下落按于右胯旁，掌心朝下，指尖朝前。（图⑦⑦）

● 右腿独立支撑，左腿屈膝提起。同时左手心向上，屈肘内旋向上托举至头左前方，掌心斜朝上，指尖朝后上方。右手微向右下按。（图⑦⑧）

⑦⑤

⑦⑥

⑦⑦

⑦⑧

**防身术：**
　　如对方以拳向我胸部击来，我以左手内旋下按其臂，右手内旋向上托击其下颌，右膝顶击其裆。

154

## 二十一、践步栽捶

● 右腿屈膝下蹲，左脚向前落地，脚跟着地。同时左手向右后划弧至胸前，掌心朝右，指尖朝上。右手前下按于右胯前，掌心朝下，指尖朝前。（图⑦⑨）

● 重心前移至左腿蹬地向前跳起。同时左手微向右下按，右手微向后带。（图⑧⓪）

● 左、右脚依次落地，左脚在前，脚跟着地，重心在右腿，身体右转。同时左手下按至腹前，掌心朝下。右手变拳外旋划弧至身体右侧。拳同耳高，拳心朝里。（图⑧①）

⑦⑨　⑧⓪　⑧①

● 重心前移至左腿并屈蹲，右腿屈膝跪步，脚跟提起，身体左转。同时右拳向前下栽出，拳同腹高，拳心斜向下。左手向左划弧至左胯旁，掌心朝下，指尖朝前。（图⑧②）

⑧②

**防身术：**

如对方用右腿扫我下盘，我迅速跳起以避开其势，并以右膝抵其右腿膝弯处断其劲源。同时俯身用右拳下击其面，左手护我胸腹以防其反击。

155

## 二十二、高探马

● 身体直立，重心后移至右腿，左腿屈膝，脚掌着地，身体微右转再左转。同时左手外旋向右划弧至腹前，掌心朝上，指尖朝右。右手变掌向里、上、前搓按，掌心朝下，高与胸平，两手心上下相对。（图⑧）

**防身术：**

如对方以右拳向我胸部击来，我以左手下按其臂并向左下捋化，以右掌外缘捌击其面，并以左脚击其前小腿骨。

⑧

## 二十三、对心掌

● 重心仍在右腿，左脚向前上步，身体微右转。同时左手经右手外侧内旋向上翻转划弧至头左前上方，掌心斜朝上。右手立掌收至胸前。（图⑧）

● 重心前移至左腿成左弓步，身体微左转。同时右掌前按，高与胸齐。（图⑧）

● 重心仍在左腿，右脚向前跟半步，脚掌着地。同时两手向下、向左右分开后再向上划弧，立掌合于胸前。掌高与口平，掌心斜向前。（图⑧）

⑧

⑧

⑧

**防身术：**

如对方进左步以双手向我胸部推来，我即退步以左手臂接其双臂向上掤化，同时用右掌向其胸部推击。

156

## 二十四、转身十字摆莲

● 以左脚跟、右脚掌为轴，身体右后转，重心仍在左腿，右脚掌着地。同时两手胸前交叉，右手在外，两掌心朝外。（图⑧⑦）

● 重心仍在左腿，右脚尖上翘，右腿自左而上向前蹬出，高与膝平。同时两手立掌左右分开，手高与肩平。（图⑧⑧）

**防身术：**
　如对方从身后击拍我右肩，我即以左手扣抓其手腕，并借回转身体之机，以右肘撞击其胸肋。若其迅速后撤，我即以右腿摆踢之。

⑧⑦

⑧⑧

## 二十五、上步指裆捶

● 右脚向下原地落步，重心移至右腿，左脚向前上步，身体微右转。同时左手向右立掌划弧至胸前。右手变拳外旋向下划弧至右腰侧，拳心朝上。（图⑧⑨）

● 重心前移至左腿并屈蹲，右腿屈膝跟步，脚掌着地，身体微左转。同时左手经胸前向左下搂过左膝至左腿旁，掌心朝下，指尖朝前。右拳内旋向前下方击出，高与裆齐，拳心朝下。（图⑨⓪）

**防身术：**
　如对方以右脚向我腹部踢来，我即以左手向左搂化其足，并迅速向前进身，以右拳撩击其裆。

⑧⑨

⑨⓪

157

## 二十六、揽扎衣

● 身体直立，左脚尖内扣，重心仍在左腿，右脚向前上步。同时左掌向下，右掌向上立掌举于胸前，右掌在前，高不过眼。左掌在后，高与胸齐。（图㉑）

● 重心前移至右腿成右弓步。同时两掌向前推出，出掌不过脚，掌心斜向外。（图㉒）

● 重心仍在右腿，左脚向前跟半步，脚掌着地。同时两手向下、向左右分开后再向上划弧，立掌合于胸前。掌高与口平，掌心斜向前。（图㉓）

㉑

㉒

**防身术：**
同揽扎衣。

㉓

158

### 二十七、单鞭

● 右脚尖内扣，重心仍在右腿，身体左转，左脚尖点地。同时两掌随转体推放至胸前。（图⑨4）

● 重心仍在右腿，左脚向左前方上步。（图⑨5）

● 身体左转，重心前移至左腿成左弓步。同时两掌随转体向左右分开，左掌指尖朝上，掌心斜向前。右掌高与肩平，指尖朝上，掌心向外。（图⑨6）

⑨4

⑨5

⑨6

**防身术：**
同单鞭。

159

## 二十八、下势

● 重心后移至右腿并屈蹲，左腿伸直成左仆步。同时两手心朝下向身体两侧分落，左手高与腰平，右手高与肩平。（图⑨⑦）

**防身术：**
　　如对方以右拳向我击来，我以左手粘住其腕，并迅速向左下捋带其臂，以左脚勾带其前脚使其失重跌出。

⑨⑦

## 二十九、上步七星

● 重心前移至左腿成左弓步，身体微左转。同时右手下落至右胯旁，掌心朝下。左手立掌回收。（图⑨⑧）

● 重心仍在左腿，右脚向前跟半步，脚掌着地。同时右手向前上划弧至与左手胸前交叉，两手背相对，右手在外。（图⑨⑨）

⑨⑧

**防身术：**
　　如对方以右拳向我击来，我以左前臂外侧向左掤化其臂，以右拳自下而上撩击其下颌。

⑨⑨

## 三十、退步跨虎

● 右脚后退踏实，重心移至右腿，左脚回收至右脚左前方，脚掌着地。同时右手向下、右、上划弧至右额前方，掌心朝外。左手向左下划弧至左胯旁，掌心朝下。（图⑩）

**防身术：**
如对方以左拳向我击来，我即以右手向上掤化其臂。其又起右脚向我踢来，我迅速向后闪身，以左手下搂其足，并起左脚踢击其裆部。

⑩

## 三十一、转身摆莲

● 以右脚跟、左脚掌为轴，身体右后转，重心仍在右腿，左脚掌着地。同时两手随身体转动。（图⑩）

● 左脚自后上步至右脚前，身体继续右后转。两手不动。（图⑩）

● 左脚落实，重心移至左腿，提右腿由左向右摆打。同时两手向左击拍右脚面。（图⑩）

⑩

**防身术：**
如对方从身后向我袭来，我即转身，以双手粘住其腕肘合力向左捋带，并以右脚向右摆踢其胸腹。

⑩

⑩

## 三十二、弯弓射虎

● 重心仍在左腿，右脚向前落步，脚跟着地，身体微右转。同时两手向右下划弧经右膝收回，经小腹前向上至胸前握拳，两拳心朝下。（图⑩）

● 重心前移至右腿成右弓步，身体微左转。同时两拳向上经面前左右分开如拉弓状，左拳至下颌前方，拳眼朝上，肘弯曲。右拳至右太阳穴旁，拳眼朝里。（图⑩）

⑩

⑩

防身术：

如对方以左拳向我面部击来，我即以右拳向上掤化其臂，以左拳向前击打其胸。

162

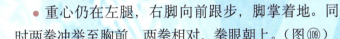

## 三十三、双抱捶

● 重心后移至左腿，右腿伸直，脚跟着地，身体微右转。同时两拳外旋下落至腹前，拳心朝上。（图⑩⑥）

● 重心前移至右腿，左脚向前上步，身体微右转。同时两拳内旋翻转，拳眼朝上。（图⑩⑦）

● 重心前移至左腿成左弓步，身体微左转。同时两拳微向前击出。（图⑩⑧）

● 重心仍在左腿，右脚向前跟步，脚掌着地。同时两拳冲举至胸前，两拳相对，拳眼朝上。（图⑩⑨）

⑩⑥

⑩⑦

⑩⑧

⑩⑨

**防身术：**
　　如对方双手向我胸前推按，我以双手外旋向左右下方捋化其臂，随即双拳迅速向里击打其胸腹。

## 三十四、手挥琵琶

● 左脚向后撤步，身体左转，右脚收回至左脚右前方，脚掌点地。同时两拳变掌左手经右手内侧立掌下落至胸前，掌心朝右，右手立掌举至面前，掌心朝左。（图⑩）

**防身术：**
同手挥琵琶。

⑩

⑪

## 三十五、收势

● 右脚收回与左脚并步，身体左转自然直立。同时两手左右下落至身体两侧，自然放松。（图⑪）

164

# 孙式太极拳

　　孙式太极拳是太极拳五大流派之一，又称为开合活步太极拳，是由河北完县人孙禄堂融形意拳、八卦掌、太极拳三家之精华而创。孙式太极拳拳架吸取了形意拳三体势的特点，其架势较高，重心平稳，身体舒展中正，拳势动作吸取了八卦掌步法特点，步法活泼灵敏，衔接紧凑，表现为进步必跟，退步必撤，回转换势开合相接，动作速度柔和平稳，如行云流水一般。在内意上又不失太极拳内劲饱满，柔中寓刚的特点。

# 孙式太极基本型法

一、手型

### 1. 拳

● 四指自然卷屈，大拇指扣于食指和中指
第二指节上。拳面略呈螺旋面。（图①）

①

②

### 2. 掌

● 五指自然舒展分开，掌心内凹程度比
武式低，突出掌心。（图②）

太極

166

## 二、手法

### 1. 掤法

● 手臂由下而上沉肩坠肘起手，臂微屈有架、粘之意。（图③）

### 2. 捋法

● 两手一前一后将对手腕肘向后、下引带或平着向侧后方捋。（图④）

### 3. 挤法

● 双臂向里裹劲，前臂由胸前向前上方斜着挤出，在挤的同时加搓劲。（图⑤）

③

④

⑥

⑦

⑤

⑧

### 4. 按法

● 以单手或双手合力粘着前推。（图⑥）

### 5. 推掌

● 一掌经嘴角向前推出。臂略弯曲，掌心朝前。（图⑦、图⑧）

### 6. 搂手

● 一掌随转身向另一侧胯旁平抹划弧。（图⑨、图⑩）

⑨　　　　　　　⑩

### 7. 分掌

● 两掌自胸前如捋长杆样左右平行分开，掌心朝外，腕同肩高。（图⑪、图⑫）

⑪

⑫

太極

## 8. 云手

● 两手经体前上下左右交替划弧。两手不翻转手掌，手至腋下即向回划弧，不过分前伸。（图⑬至图⑰）

⑬

⑭

⑮

⑯

⑰

### 9．架掌

● 手臂内旋自下而上架于额前，掌心朝外，手背贴近前额，肘下垂，臂呈弧形。（图⑱）

### 10．开手

● 两手心相对，指尖朝上，自胸前同时左右分开，远不过肩。（图⑲）

### 11．合手

● 两手心相对，指尖朝上，自肩前向里合于胸前，手与脸宽。（图⑳）

⑱

⑲

⑳

㉑

㉒

### 12．穿掌

● 一手经另一手臂下向前穿出，手心朝上，指尖向前。（图㉑、图㉒）

### 13. 撩掌

● 掌心朝里，指尖朝下自胯旁向前上撩至耳侧成掌心朝里，指尖朝上。（图㉓、图㉔）

㉓

㉔

### 14. 栽拳

● 拳自上向前下方击出，拳面朝地面，力达拳面。（图㉕、图㉖）

㉕

㉖

### 15．冲拳

●拳自腰间平拳或立拳向前打出，臂微屈，沉肩坠肘，力达拳面。（图㉗、图㉘）

㉗

㉘

### 16．双撞拳

●两拳心向下，拳眼相对，两拳相距约一拳距离由腹前向前撞击，力达拳面，拳高与肩平。（图㉙、图㉚）

㉙

㉚

172

## 三、步型

**1. 弓步**

● 前腿全脚着地屈膝前弓。另一腿自然弯曲蹬伸，保持圆裆开胯。（图③）

**2. 侧弓步**

● 一腿屈膝下蹲，另一腿向一侧自然伸直，两脚平行。（图②）

**3. 独立步**

● 一腿微屈支撑。另一腿屈膝提起，大腿水平。（图③）

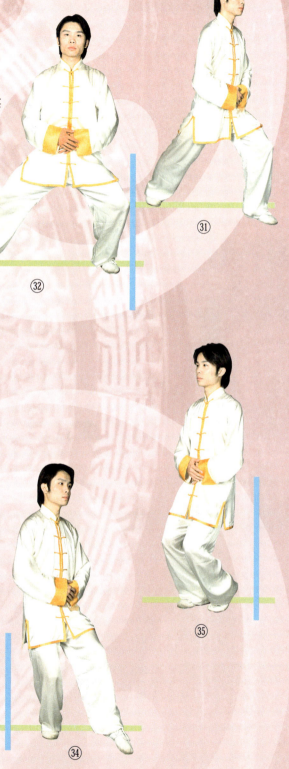

③

③

③

③

**4. 虚步**

● 一腿屈膝支撑，另一腿脚尖或脚跟在前虚点地面，前后脚之间距离根据个人身体条件而定。（图④）

**5. 丁步**

● 一腿屈蹲支撑，另一腿置于支撑腿脚踝内侧，脚尖点地。（图⑤）

③

### 1. 上步

● 一腿屈膝半蹲支撑身体，另一腿越过支撑腿脚内侧向前直线迈步，脚跟着地。随重心前移过渡到全脚着地。随即后脚跟至前脚后侧或脚内踝处，脚尖着地。（图㊱至图㊳）

㊱

㊲

㊳

### 2. 退步

● 一腿屈膝半蹲支撑身体，另一腿越过后支撑腿脚内侧向后直线退步，先脚尖着地。随重心后移过渡到全脚着地。随即前脚撤至后脚前，脚尖着地。（图㊴至图㊶）

㊴

㊵

㊶

174

### 3. 碾步

● 以脚掌或脚跟为轴转动。（图㊷、图㊸）

### 4. 扣步

● 一腿支撑。另一腿落步时小腿内旋，脚尖内扣约 45 度。（图㊹、图㊺）

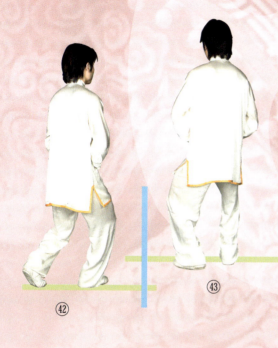

㊷

㊸

### 5. 侧行步

● 两腿屈膝半蹲，两脚平行连续向体侧行走。（图㊻至图㊾）

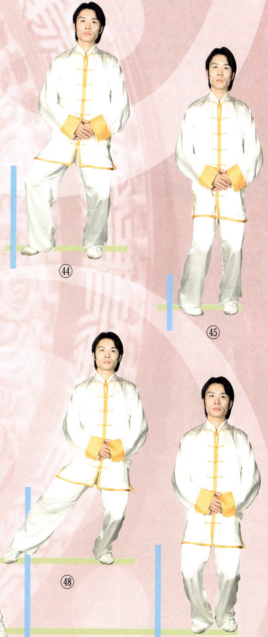

㊹

㊺

㊻

㊼

㊽

㊾

## 五、腿法

### 1. 起脚

● 一腿支撑。另一腿抬起，脚尖向上，力达脚尖。（图⑤）

### 2. 摆莲脚

● 一腿支撑。另一腿弧形外摆，两掌依次击拍脚面。（图⑤）

### 3. 蹬脚

● 一腿支撑。另一腿脚尖勾起由屈到伸，力达脚跟向前蹬出。（图⑤）

⑤

⑤

⑤

## 六、身型

**1. 头**

• 头虚领，颈竖直。

**2. 上肢**

• 肩松沉，肘下坠，腕塌活。

**3. 躯干**

• 胸松含，背拔伸，腰松活，臀垂敛，髋松缩。

**4. 下肢**

• 圆裆开胯，腿微屈，膝松裹，踝灵活。

## 七、身法

• 练拳时身体要保持中正安舒，身体行进自然平稳。动作要以腰带动四肢，使之上下相随，虚实分明，动作旋转松活，舒展大方，浑然一体。

## 八、眼法

**1. 注视**

• 以主要手为目标，向主要手的方向投目远视。

**2. 随视**

• 随主动手，眼随手转。

# 孙式太极三十二势图解

# 第一段

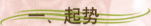

## 一、起势

● 两脚跟并拢，脚尖分开 90 度，两臂自然下垂放松。（图①）

● 右脚尖内扣 45 度。同时身体左转，面向左斜前方。（图②）

①

②

## 二、揽扎衣

- 两掌相对由下而上向前举于胸前。高与肩平，指尖向前。两臂如抱球状。（图③）
- 两腿屈膝下蹲，左脚跟提起。同时两手向下划弧至腹前。（图④）
- 重心移至右腿，左脚向前上步。同时两掌向上划弧至胸前。（图⑤）
- 重心前移至左腿，右脚向前跟半步至左踝内侧，脚掌着地。同时两掌向前伸出仍如抱球状。（图⑥）

③　　④　　⑤　　⑥

- 左脚尖内扣，右脚跟落地，脚尖外摆，身体右转，重心移至左腿。同时右手外旋向右划平弧至右肩前，手心朝上。左手内旋俯于右腕内侧随转。（图⑦）
- 重心仍在左腿，右脚向前上步。同时右手向右后、左划弧至右肩前内旋立掌，左手随转不动。（图⑧）
- 右脚落实，重心前移至右腿，左脚向前跟半步至右踝内侧，脚掌着地。同时两掌一起向前推出，掌心朝外。（图⑨）

⑦　　⑨

⑧

**防身术：**

　　揽扎衣动作由掤、捋、挤、按四式组成。掤是架，如对方以双手向我按来，我即粘住其双手向右引化。捋是引，以双手粘对方腕肘向左右引化。挤如锉，以双臂裹住对方胳膊并搓住向斜前方挤出。按是发，以双手按住对方双臂随时发出。

## 三、开合手

● 左脚跟落地，右脚尖内扣，重心在两腿，身体左转。同时两掌随转体立掌回收至胸前，两掌心相对。（图⑩）

● 两掌向左右分开至肩宽。（图⑪）

● 重心前移至右腿，左脚跟提起，脚尖点地。同时两掌缓慢里合至同面宽。（图⑫）

⑩

⑪

⑫

**防身术：**

如对方以双手抓我两肩，我以双手向外格挡其臂，并顺势旋腕向下合掌按压其颈部使其身体前倾，同时以右膝顶击其面。

## 四、单鞭

● 重心移至右腿，左脚向左侧横迈一步，先脚跟着地，后过渡到全脚，重心左移，身体微右转。同时两手内旋向左右立掌分开，高与肩平，掌心朝外。（图⑬）

**防身术：**
如对方以左拳向我头胸部击来，我以左手粘其腕并旋掌向左下将，以右手击其胸肋。

⑬

## 五、提手上势

● 重心移至左腿，右脚收回至左脚内侧，脚尖点地，身体微左转。同时左手向上划弧至额前上方，掌心朝外。右手内旋向下划弧至腹前，指尖向下，掌心朝右。（图⑭）

**防身术：**
如我双手被对方以双手握住，我即左手外旋上架，右手内旋下拧，借以解脱。

⑭

太极

## 六、白鹤亮翅

● 重心移至左腿，右脚向前上步。同时左手下落至腹前，掌心斜向下，指尖朝上。右手向上划弧至右额上方，指尖斜向上，掌心朝外。（图⑮）

● 右手经右脸侧下落至右胸前，肘尖下垂，掌心朝外。左手微上提至左胸前，肘尖下垂，掌心朝外，两手左右相齐。（图⑯）

● 重心前移至右腿，左脚向前跟步至与右脚相齐，脚掌着地。同时两手随身体前移立掌前推，掌心向前。（图⑰）

⑮

⑯

⑰

**防身术：**

　　如我右手被对方拿住，我右腕外旋上翻再向右旋腕反抓其腕向下引带，使其反被我制，重心前移，我迅速以双掌向前推击其胸面部。

## 七、开合手

- 两掌外旋立掌收回至胸前，掌心相对，同时向左右分开至肩宽。（图⑱）
- 两掌缓慢里合至同面宽。（图⑲）

**防身术：**
同开合手。

## 八、搂膝拗步

- 重心前移至右腿，左脚向左前方上步，身体微右转。同时左掌向右、左下搂至左胯外侧，掌心朝下。右掌外旋先向右下、再向上划弧至右肩前，拳心朝上。（图⑳）
- 重心前移至左腿，右脚向前跟步至左踝内侧，脚尖着地，身体左转。同时右掌立掌向前推出，掌心朝前。左掌微下按，掌心朝下。（图㉑）

㉑

⑳

**防身术：**
如对方以右拳打来，我即以左手粘住其右手腕向左后牵带，并以右拳击其胸。

184

## 九、手挥琵琶

● 右脚向后退半步落实，重心移至右腿，左脚收至右脚左前方，脚掌着地。同时两手五指前伸，虎口朝上，右手向后带，左手向前伸。（图㉒）

㉒

**防身术：**

如对方向前以右拳击来，我即闪身退步，右手抓其腕，左手接其肘顺势捋带。

## 十、进步搬拦捶

● 左脚向前上步，脚尖微外撇。同时左手内旋向下、左搂至左肋旁，掌心朝下，指尖朝前。右手外旋经左前臂下向前穿出，掌心朝上，指尖朝前。（图㉓）

● 重心移至左腿，右脚向前上步，脚尖微外撇。同时右手内旋向下、右搂至右肋旁，掌心朝下，指尖朝前。左手外旋经右前臂下向前穿出，掌心朝上，指尖朝前。（图㉔）

● 重心移至右腿，左脚向前上步，重心移至左腿，右脚向前跟步，脚掌着地。同时两掌变拳，右拳外旋经左腕上向前打出同胸平，拳眼朝上。左拳回拉至右肘下方，拳心朝下。（图㉕）

**防身术：**

如对方挥左拳向我胸口打来，我即向后撤步以避其锋，同时身体右旋，以左手下扣其腕并顺势向右引化，以左拳猛击其胸。

㉓

㉔

㉕

### 十一、如封似闭

● 右脚向后撤步，重心移至右腿，左脚回收，脚尖点地，身体微右转。同时左手微前伸，右手微后拉，两手相齐时两拳变掌，两掌心向前并同时回收立于胸前，两掌心斜相对。指尖向上。（图㉖）

> **防身术：**
> 如对方以右拳向我胸击来，我迅速撤步微右闪身以避其锋。左手先下按其臂，再进步插裆以右手向下击其背或面部（视其当时身体状态而定）。

㉖

### 十二、抱虎推山

● 左脚向前上步，重心移至左腿，右脚向前跟步，脚掌着地。同时两掌立掌前推高与胸齐。（图㉗）

> **防身术：**
> 如对方以双手向我双肩抓来，我即以双手向上托架其双臂，并迅速落掌前击其胸肋处。

㉗

### 十三、肘下看捶

● 右脚向后撤步，重心移至右腿，左脚回收，脚尖点地，身体微右转。同时左手立掌微前伸，虎口向上，指尖朝前。右手变拳向右下、后、左前划弧至左肋下，拳眼朝上。（图㉘）

> **防身术：**
> 如我双手被对方抓住，我即退步旋身顺势带其双手向右下使其失重，并以右拳攻其腹部。

㉘

太极

186

## 十四、倒卷猴

● 重心移至右腿，右脚尖里扣，左脚向左前上步，脚跟着地，身体微左转。同时右拳变掌外旋向上划弧至右肩前，掌心向上。左手内旋向右经胸前向左下搂至左胯外侧，掌心朝下。（图㉙）

● 重心前移至左腿，右脚向前跟半步至左脚后，脚尖着地，身体左转。同时右手经右脸侧立掌前推。（图㉚）

● 重心移至左腿，左脚尖里扣，右脚向右前上步，脚跟着地，身体微右转。同时左掌外旋向上划弧至左肩前，掌心向上。右手内旋向左经胸前向右下搂至右胯外侧，掌心朝下。（图㉛）

● 重心前移至右腿，左脚向前跟半步至右脚后，脚尖着地，身体右转。同时左手经左脸侧立掌前推。（图㉜）

㉙　㉚　㉛　㉜

**防身术：**
如对方以右拳向我击来，我以右手拍击下按其臂，左手向上击打其面或击其胸。

## 十五、野马分鬃

● 重心仍在右腿，左脚微向前上步与右脚并齐。同时左手向左、下、右划弧至小腹处，掌心斜向下。右手向上划弧至右肩前，掌心朝右。（图㉝）

● 左脚向左斜前方上步，重心移至左腿成左弓步，身体左转。同时左掌向上经右胸前向左划弧至左肩前，掌心朝外，指尖向上。（图㉞）

● 左脚尖外摆，重心仍在左腿，右脚提起向左与左脚并齐。同时右手向下、左划弧至小腹处，掌心斜向下。（图㉟）

● 右脚向右前方上步，重心移至右腿成右弓步，身体右转。同时右掌向上经左胸前向右划弧至右肩前，掌心朝外，指尖向上。（图㊱）

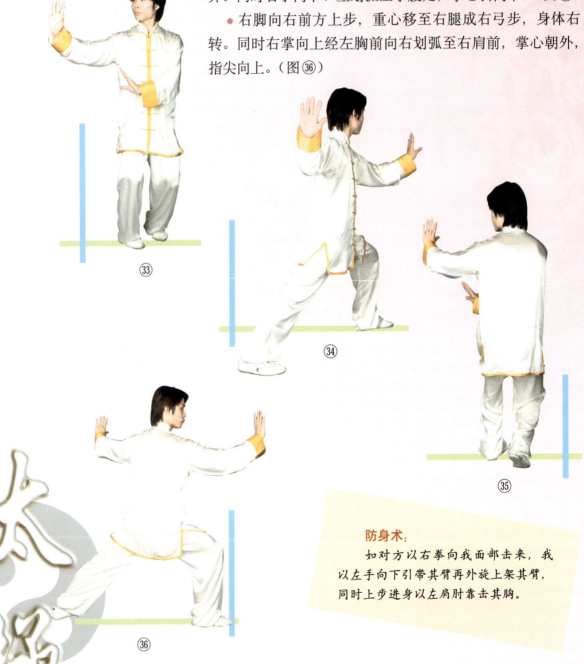

㉝

㉞

㉟

㊱

防身术：

　　如对方以右拳向我面部击来，我以左手向下引带其臂再外旋上架其臂，同时上步进身以左肩肘靠击其胸。

太极

188

## 十六、玉女穿梭

● 重心后移至左腿，身体右转，右脚尖外撇。同时左手外旋向右划弧至左胸前，掌心斜向上。右手随转收至左胸前，掌心朝下。（图㊲）

● 左脚向前上步，脚跟着地，重心仍在左腿，提右脚收于左脚后侧，脚掌着地，身体左转。同时左手内旋向上翻转至额前上方，掌心朝外。右手向左前立掌微按，右肘紧靠右肋。（图㊳）

● 重心仍在左腿，左脚尖里扣，身体右后转。同时右手外旋微前伸，掌心朝上。左手下落至右臂里侧，掌心朝下。（图㊴）

● 右脚向前上步，脚跟着地，重心移至右腿，提左脚收于右脚后侧，脚掌着地，身体右转。同时右手内旋向上翻转至额前上方，掌心朝外。左手向右前立掌微按，左肘紧靠左肋。（图㊵）

㊲

㊳

㊴

㊵

**防身术：**

如对方以右拳从我后方击来，我以左臂向右摆拦截其臂，同时内旋我臂从其臂下翻转上架其臂，并以右掌击打其胸肋。

189

## 第二段

### 十七、下势

● 右脚尖外撇踏实，重心移至右腿，左脚向前上步，脚掌着地。同时右手下落右胯旁，掌心朝下。左手经右手背上前推，高与胸齐，掌心朝前，指尖朝上。（图④）

**防身术：**

如对方以右拳向我击来，我以左手采拿其腕向右下引带，起左脚踩踏其前膝，左手经右手上穿出向左上横击其面。

### 十八、金鸡独立

● 重心前移至左腿并屈蹲。右腿屈蹲脚跟提起。同时两掌外旋向下落至两胯旁，掌心朝里，指尖朝下。（图④）

● 左腿独立支撑，右腿屈膝提起，脚尖上翘，脚跟下蹬。同时右手向前、上屈肘提至右耳侧，掌心朝里，指尖朝上，与耳同高。（图④）

● 右脚向前下落，重心移至右腿并屈蹲。左腿屈蹲脚跟提起。同时右掌向下落至右胯旁，掌心朝里，指尖朝下。（图④）

● 右腿独立支撑，左腿屈膝提起，脚尖上翘，脚跟下蹬。同时左手向前、上屈肘提至左耳侧，掌心朝里，指尖朝上，与耳同高。（图④）

④

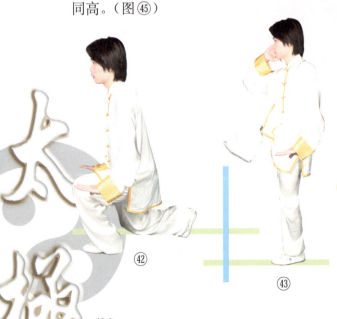

④ ④ ④

**防身术：**

如对方以右拳向我胸部击来，我以左手由下而上挑开来拳，同时抬左膝顶击其裆。

## 十九、三通背

● 右腿屈膝重心沉落，左脚下落至左前方，脚尖点地，身体微右转。同时右掌外旋向右、上划弧至肩前，指尖同额高，手心朝上。左手向下落至腹前，手心朝下。（图⑯）

● 重心沉落屈膝下蹲，身体微左转前俯。同时右掌内旋经额前向下垂直按至左胫骨前，掌心朝下，指尖朝左。左掌向左下划弧至左胯旁，掌心斜朝下，指尖朝前。（图⑰）

⑯

⑰

⑱

● 身体直立，重心仍在右腿，左脚向前上步，全脚着地，身体微右转。同时右手外旋上架于头右侧上方，掌心斜朝上。左手立掌前推，高与肩平，掌心朝外，指尖向上。（图⑱）

● 左脚尖里扣，右脚尖外摆，身体右后转，重心移至左腿。同时左手向上划弧架于头左侧上方，掌心斜朝上。右手下落立掌前推，高与肩平，掌心朝外，指尖向上。（图⑲）

⑲

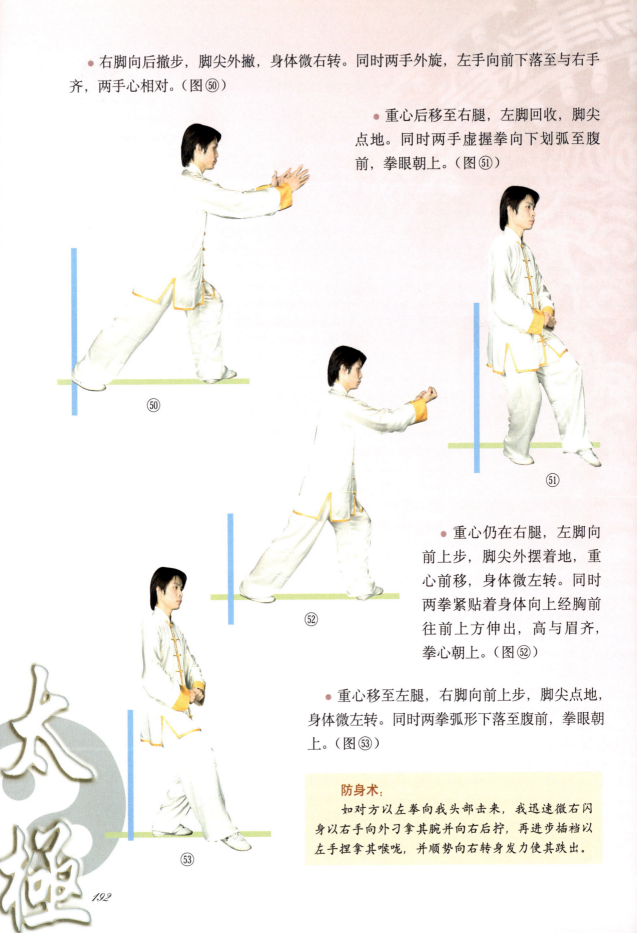

● 右脚向后撤步，脚尖外撇，身体微右转。同时两手外旋，左手向前下落至与右手齐，两手心相对。（图⑤）

● 重心后移至右腿，左脚回收，脚尖点地。同时两手虚握拳向下划弧至腹前，拳眼朝上。（图⑤）

⑤

⑤

⑤

⑤

● 重心仍在右腿，左脚向前上步，脚尖外摆着地，重心前移，身体微左转。同时两拳紧贴着身体向上经胸前往前上方伸出，高与眉齐，拳心朝上。（图⑤）

● 重心移至左腿，右脚向前上步，脚尖点地，身体微左转。同时两拳弧形下落至腹前，拳眼朝上。（图⑤）

**防身术：**
如对方以左拳向我头部击来，我迅速微右闪身以右手向外刁拿其腕并向右后拧，再进步插裆以左手捏拿其喉咙，并顺势向右转身发力使其跌出。

## 二十、揽扎衣

● 右脚向前上步，重心前移至右腿，左脚向前跟半步至右踝内侧，脚掌着地。同时两拳变掌上提前伸至胸前，右手外旋，手心朝上，左手心向下附于右腕内侧。（图⑤）

● 左脚向后撤步，重心移至左腿，右脚尖翘起。同时右手向右后、左划弧至右肩前内旋立掌，左手随转不动。（图⑤）

● 右脚落实，重心前移至右腿，左脚向前跟半步至右踝内侧，脚掌着地。同时两掌一起向前推出，掌心朝外。（图⑤）

⑤

⑤

⑤

防身术：
同揽扎衣。

## 二十一、开合手

● 左脚跟落地，右脚尖内扣，重心在两腿，身体左转。同时两掌随转体立掌回收至胸前，两掌心相对。（图⑤⑦）

● 两掌向左右分开至肩宽。（图⑤⑧）

● 重心移至右腿，左脚跟提起，脚尖点地。同时两掌缓慢里合至同面宽。（图⑤⑨）

**防身术：**
同开合手。

⑤⑨

⑤⑧

⑤⑦

## 二十二、单鞭

● 重心移至左腿，右脚向右侧横迈一步，先脚跟着地，后过渡到全脚，重心右移，身体微左转。同时两手内旋向左右立掌分开，高与肩平，掌心朝外。（图⑥⓪）

**防身术：**
同第四势，唯方向相反。

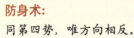

⑥⓪

## 二十三、云手

- 重心移至右腿，左脚向右脚横迈靠拢，脚尖点地，身体右转。同时左手向右下划弧至右腋下，掌心斜朝下，指尖朝右。（图⑥）

- 重心仍在右腿，左脚向左侧横迈一步。（图②）

- 重心左移，右脚跟提起，脚尖点地，身体左转。同时左手向上、左划弧至身体左侧，手心朝左，指尖朝上。右手向下、左划弧至左腋下，掌心斜朝下，指尖朝左。（图③）

- 重心移至左腿，右脚向左脚横迈靠拢。（图④）

- 以上动作再重复2次。

⑥

②

③

④

**防身术**：

如对方从我身体左或右侧击来，我即左右转身以臂拦截，并顺势向左或右捋化。

195

## 二十四、高探马

● 重心移至右腿，左脚向左后撤步，右脚向前脚尖点地，身体微右转。同时左手向下划弧至胸前微外旋上提成虎口向上，指尖朝前，高与腹齐。右手向右划弧至脸前时亦外旋向前下方伸落成虎口向上，指尖朝前，高与胸齐。右手在前，左手在后。（图⑥⑤）

● 重心仍在左腿，右脚收回与左脚平行，脚尖点地，身体左转。同时左手外旋手心翻转向上，右手内旋回收至胸前，手心翻转向下，两手心相对。（图⑥⑥）

● 重心移至左腿，右脚跟提起。同时两手左内旋、右外旋拧转成两手心左右相对，指尖朝上，胸前合抱。（图⑥⑦）

⑥⑤

⑥⑥

⑥⑦

**防身术：**
　　如对方以左拳向胸部推来，我即退步以左手习拿其左腕向左下捋化，同时用右手戳击其眼部。

196

⑥⑧

## 二十五、右起脚

● 重心移至左腿独立支撑，右腿提起至与手高，脚尖上翘。同时两手立掌左右分开，手高与肩平。（图⑥⑧）

● 右脚落于左脚旁，两脚相距半步，重心移至右腿，左脚跟提起，身体左转。同时两手胸前相合，两手心左右相对，指尖朝上。（图⑥⑨）

⑥⑨

**防身术:**
　　如对方欲向我进攻，我即快速上步以右脚蹬击其胸腹部。

⑦⓪

## 二十六、转身蹬脚

● 右脚尖微内扣，身体左转，重心移至右腿独立支撑，左脚尖勾起，以脚跟向前蹬出。同时两手立掌左右分开。（图⑦⓪）

**防身术:**
　　如对方从左侧以右脚向我背部踢来，我即左转身提左膝防守其足。待其腿被我防守下落瞬间，以左脚迅速向前蹬击其腹部。

## 二十七、践步打捶

● 左脚向前落步，脚尖微外撇，重心移至左腿，身体左转。同时左手向左胸前搂回至右前臂内侧，手心朝下。右手外旋经右肋侧向下、左、前穿出，掌心朝上，指尖朝前。（图⑦1）

● 重心移至左腿，右脚向前上步，脚尖微外撇，身体右转。同时右手内旋搂回至左前臂内侧，手心朝下，指尖朝前。左手外旋经右前臂下向前穿出，掌心朝上，指尖朝前。（图⑦2）

● 重心移至右腿，左脚向前上步，脚尖里扣，身体右转。同时左手内旋变拳向下拉至左胯前，拳心朝下。右手外旋变拳向后、上划弧至身体右侧，高与肩齐，拳心斜朝上。（图⑦3）

● 重心移至左腿，身体左转，两腿屈膝微蹲，身体前俯。同时右拳经额前向前下打出至左踝内侧，拳面朝下。（图⑦4）

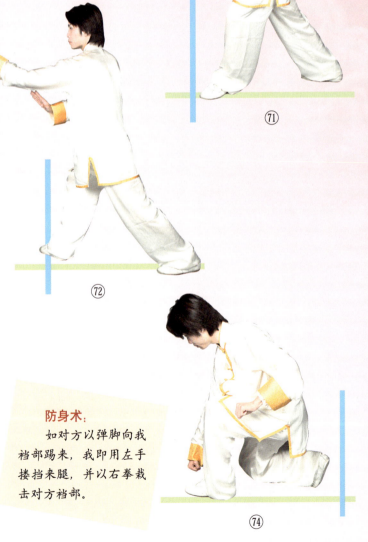

⑦1

⑦2

⑦3

⑦4

太极

198

## 二十八、转角摆莲

● 重心移至左腿，右脚提起向前跟步，脚尖点地，身体微左转。同时两手变掌，右手向左划弧至左腹前，两掌心朝下。（图⑦⑤）

● 右脚跟落地，脚尖外摆，以左脚掌为轴身体右后转。两手随转身向后划弧至身体右前方，掌心朝下。（图⑦⑥）

● 重心移至左腿独立支撑，提右腿随转身由左向右摆打。同时两手向左依次击拍右脚面。（图⑦⑦）

⑦⑤

⑦⑥

⑦⑦

**防身术：**

如对方从身后以右拳向我袭来，我即转身，以双手粘住其腕肘合力向右捋带，并以右脚向右摆踢其背部。

## 二十九、弯弓射虎

● 重心仍在左腿，右脚向右斜前落步，重心前移至右腿成右弓步，身体微右转。同时两手外旋变拳向回划弧至两腰侧收回，两拳心朝上。（图⑦⑧）

● 两拳同时内旋向前打出，高与肩平，拳心朝下，肘微弯曲下垂。（图⑦⑨）

**防身术：**
　　如对方以左拳向我面部击来，我即进右步以双手向上按化其臂，随即以双拳向前击打其胸。

⑦⑧

⑦⑨

⑧⑩

⑧①

## 第三十、双撞捶

● 重心前移至右腿，左脚向右脚侧上步，脚尖着地，身体微右转。同时两拳回收至腹前，拳心朝下。（图⑧⑩）

● 左脚向前上步，重心前移至左腿，右脚向前跟步，脚掌着地。同时两拳向前撞出，拳心朝下。（图⑧①）

**防身术：**
　　如我向前推按之双手被对方双手向下方捋化，我即顺势左右下分，从外绕过其臂，随即双拳迅速向里击打其胸腹。

太极

## 三十一、阴阳混一

● 左脚尖里扣落实，右脚以脚尖为轴拧转，重心在左腿，身体右转。同时两手外旋里裹，拳心朝上。（图⑧）

● 右脚向后退步踏实，脚尖外撇，重心移至右腿，左脚尖翘起。同时左拳向右拳下内旋穿出，拳心朝下，两拳交叉。（图⑧）

**防身术：**

如对方以右拳向我击来，我即以左手向右捋化其臂，并迅速以右拳直击其胸部。

⑧

⑧

⑧

## 三十二、收势

● 左拳微外旋，右拳微内旋里裹，两拳眼朝里。右脚收回与左脚并步，身体自然直立。同时两拳变掌向左右下落至身体两侧，自然放松。（图⑧）